繪本怎麼教？
繪本創意 與 萌發

吳淑玲　策劃主編

張育蕙、沈怡伶、林妹靜、姚淑玲、張怡雯　　著
陳玫君、彭榆婷、曾淑美、黃作后、劉素妹

目錄

CONTENTS

吳淑玲

- 曾任教台北市立教育大學幼教系及多所大專校院幼保系，講授「兒童文學」、「幼兒文學與創作」、「幼兒資訊教學與應用」、「世界文學名著導讀」、「親職教育」等課程，目前為馬偕護校幼保系兼任講師
- 教育部語文教學專案研究、幼兒園、托兒所評鑑委員
- 全國「好書大家讀」年度總評審委員
- 各縣市故事志工培訓指導老師
- 國小及幼兒園輔導團「語文」、「性別平等」、「品格教育」行動研究指導老師
- 2006年起，教育部五年輔導計畫公私立幼稚園、托兒所輔導老師
- 2006～2008年台北市公立托兒所新移民及弱勢家庭語文督導
- 2007～2009年桃園縣教育局托兒所、幼稚園、國小閱讀專案指導老師

作者簡介

張育慈
學歷：台北市立教育大學教育行政與評鑑研究所
經歷：台北市福星國民小學附設幼兒園教師兼園長
　　　台北市幼兒園創意教學互作坊教師
　　　台北市特殊優良教師
　　　行政院新聞局第31次推介中小學優良課外
　　　讀物圖畫書類評審委員
現職：台北市立大安幼兒園園長
　　　台北市國民教育輔導團幼兒教育輔導員

沈怡伶
學歷：台北市立師範學院幼教系
經歷：幼兒園教師、幼兒園園長2年
現職：台北市福星國民小學附設幼兒園教師

林妹靜
學歷：國立台北教育大學藝術與藝術教育研究所
經歷：幼兒園教師、幼兒園園長3年
現職：台北市福星國民小學附設幼兒園教師

姚淑玲
學歷：台北市立師範學院幼教系
經歷：幼兒園教師、幼兒園園長4年
現職：台北市福星國民小學附設幼兒園教師

張怡雯
學歷：淡江大學教育科技研究所
經歷：幼兒園教師、幼兒園園長2年
現職：台北市福星國民小學附設幼兒園教師

陳玫君
學歷：台北市立師範學院幼教系
經歷：幼兒園教師、幼兒園園長1年
現職：台北市福星國民小學附設幼兒園教師

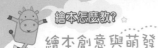

 彭榆婷
　學歷：國立台灣師範大學社會教育研究所
　經歷：幼兒園教師、幼兒園園長4年
　　　　教育部第一代幼兒健身操編者
　　　　教育部第二代國小健身操（第一階
　　　　段）編者
　現職：台北市福星國民小學附設幼兒園教
　　　　師（退休）

 曾淑美
　學歷：國立台北教育大學幼教系
　經歷：幼兒園教師、幼兒園園長2年
　　　　著作《創意教學活動設計——透明繪本
　　　　的製作與運用》
　現職：台北市福星國民小學附設幼兒園教師

 黃作后
　學歷：台北市立師範學院國民教育研究所
　　　　輔導教學碩士
　經歷：幼兒園教師、幼兒園園長3年
　　　　台北市幼兒園創意教學工作坊教師
　　　　台北市幼教輔導團輔導員
　　　　台北市特殊優良教師
　　　　台北市教育局「教學卓越獎」評選
　　　　委員（2005～2008年）
　　　　教育部「教學卓越獎」北區觀察員
　　　　（2006～2008年）
　現職：台北市福星國民小學附設幼兒園教師

 劉素妹
　學歷：國立台東教育大學幼兒教育研究所
　經歷：幼兒園教師、幼兒園園長1年
　　　　台灣省幼教輔導團輔導員
　現職：台北市福星國民小學附設幼兒園教師

以童書發展課程的教學模式

一、 生成概念

(一)來源

「生成概念」理論來自美國太平洋橡樹學院兩位資深教授——Elizabeth Jones 和 John Nimmo 在「生成課程」（Emergent Curriculum）書中所提出的論述，意指「老師努力使課程對孩子們在他們具體而獨特的環境裡產生的想法、事件和問題相呼應」。

「其中，需要老師對幼兒和自己教學的實踐，不斷的觀察、記錄和反思。」也就是在教學過程，師生共同產生新概念。「生成課程同時反映兒童的興趣和成人的興趣與價值觀。」（CH.18）

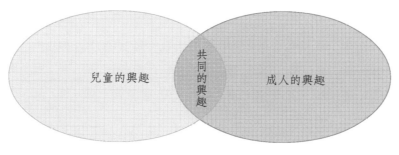

生成課程的來源

1. **兒童的興趣**：不同的兒童有不同的興趣，在課程中會因良性互動而有非預設性的生成概念的形成。

2. **教師的興趣**：不同教師也有不同興趣，具有與兒童分享的價值。從事教學活動，除了展現教師的知識與熱情，也在不斷的學習，跟幼兒學習。

3. **發展的任務**：適切的課程提供兒童許多可選擇的、自發的技能練習機會，展現幼兒個人自主、自信、人際關係等能力。

4. **物質環境中的事物**：提供積木遊戲，有助幼兒發展空間建構；接觸大自然各種動植物，觀察不同的生態、外表與習性。兒童需要這方面的經驗。

5. **社會環境中的人物**：兒童對各種各樣的人都感興趣，父母、廚師、圖書館員、公車司機、警察、消防隊員，甚至鄰居，都是他們學習的對象。

6. **課程的資源材料**：教師不需發明生活中現有的物品，圖書館、各式展覽或社區中心都有豐富的課程元素，可以按照學習主題和班上孩子的興趣加以改編並使用。

7. **意外事件**：在課程進行中，自然界或社會發生意外的事件，教師可以即時與幼兒討論，創造、整合到自己的教學計畫中，活動持續的時間可長可短。具備機動決策能力是很重要的。

8. **共同生活**：解決衝突、給予關愛和建立常規是幼兒日常生活工作的潛在課程。衛生保健、生活自理、飲食均衡、盥洗、穿脫衣服，甚至是解決紛爭都是基本學習課程，而不是課程的干擾與中斷。

9. 學校、家庭、社區與社會文化所持有的價值觀：對課程賦予責任，
課程活動應視當地的情境和適宜兒童發展的情況下進行。（摘自
《*Emergent Curriculum*》，1994，CH.22，NAEYC，USA）

(二)生成了什麼？～預設與實際發生

　　在主題教學活動進行中，師生共同發展課程。可是到底發展了什
麼？生成了什麼？在主題教學結束前，師生來個「頭腦大轉盤」，藉
由歷程照片、美勞作品、故事導讀，提出「回憶一覽表」，不是網狀
圖，只是一覽表，包括所有記得的活動、討論過程、主題名稱、共同
完成的作品等。對照教學前概念網，可以清楚看出實際發生所形成的
「生成概念」。如「愛書人黃茉莉」的諸多活動中，師生共同的回
顧，可以寫成一大張長長的一覽表，如：

宣紙	吸水性	混色
牛皮紙	支撐力	故事順序
衛生紙	書的歷史	小漫畫家
報紙---	文字趣味---	配色---

　　每個活動對每個人都有特別重要的意義，師生每人可以選五個，
共同圈選統計後，成為整個「生成課程」的核心。本書中僅就生成概
念做紀錄，未做生成課程延伸。讀者可從每個精簡的活動記述中了解
生成概念的由來。及時掌握課程中的生成概念，是深化課程模式的重
要鷹架。

二、 童書發展課程

　　「童書發展課程」乃是以繪本為課程發展主軸，師生共同探索其
中的自然、科學、音樂、藝術、數學及語文等領域。

1. 教學前,教師群需共同研讀大量的童書。
2. 擇定探索之主題後,收集相關自然科學、兒歌、影音、網站資訊, 儲備豐富的先備經驗,作為日後課程發展的資料庫。
3. 開放與幼生深化討論,建構新學習概念,提供空間與多元媒材,鼓 勵創意,師生共同營造學習環境,逐步解決困惑。
4. 教學會議定時召開,各班提出遭遇的問題、解惑與分享成長。
5. 依循教學核心,適切彙整活潑生動、文圖相輔的教學歷程。
6. 為師生共同探索與學習歷程建立影音檔。
7. 口頭、操作、發展評量隨時進行。
8. 主題成果發表暨觀摩,並邀請家長、專業人士參加。

　　福星附幼提供全語文學習環境,積極以童書發展多元課程,落實 推廣親子共讀及生活品格教育活動,讓幼生在大量閱讀好書、大聲朗 讀童書及信心十足分享故事的同時,彩繪快樂的童年,成為近年來國 內外各大專院校幼教系、幼保系的主要參觀園所。

　　晨間朗讀時間,午間主播,電子繪本製作,深化團討,活潑生動 的概念建構,師生成長檔案與發展適性評量,環境布置與規劃,處處 用心。榮獲全國教學卓越獎、北市創意教學獎、評鑑績優獎,實至名 歸。

　　福星很小,小在台北市精華地段有限土地上;福星很大,大在世 界繪本的豐富蘊涵,以及全體教師無限的愛心,呵護每個小小幼兒。 專業、同心、無私分享,共同成長,令人敬佩,實是幼兒教育的模範 園所。

吳淑玲

謹誌於 2007 年台北

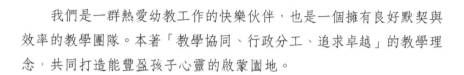

作者序

　　我們是一群熱愛幼教工作的快樂伙伴，也是一個擁有良好默契與效率的教學團隊。本著「教學協同、行政分工、追求卓越」的教學理念，共同打造能豐盈孩子心靈的啟蒙園地。

　　「繪本的創意與萌發」之課程發展，始自 2001 年新建校舍遷入之初。為確立本校附幼教學特色與教學內涵，在規劃校舍的同時，也奠定繪本創意教學及深耕閱讀的架構與方向。每位老師擁有不同的專長，也一致的擁有專業的幼教背景，能將繪本融入每個活動中，並靈活的運用繪本發展各單元課程。但此萌發期缺乏整體性的發展深度和廣度；故將 2002～2003 年設定為實作期，透過嚴謹的教學研討達成共識，選定二十本繪本為二十個教學單元主題，定期召開會議探討分享各班資源與回饋，以堅定穩健的步履，邁向「創意開放、教學精進」的同步成長。每位老師也透過全園性的「教學觀摩」，達到全園師生彼此交流的互動機會。

　　2004 年提出方案主題：「以童書開啟幼兒多元智能」教學成果，參加教育部「教學卓越獎」的評比，喜獲銀質獎章之鼓勵。2006 年企盼再次提昇教學層次與精緻度，突破現有的教學盲點與瓶頸，特聘吳淑玲教授作專業指導，進入「精進期」。透過專業對話、觀念溝通釐清、跨領域的多元學習，傳承專業幼教與新視界的發展脈絡。在展開新的單元主題課程之際，各班在寬廣優質的開放空間，教學模式逐漸轉型為「主題建構式」教學，更運用說故事的技巧和幼兒做「深化團討」，活絡教學命脈，延伸多元議題，引發師生思考探究學習。

　　除此以外，齊心研擬推動「閱讀起飛、智慧王國」計劃已達六年。由打造書香園地，落實「隨處有書香、隨手有書讀」的理想，融入繪本創意教學，到推展晨間朗讀、小小說書人、午間空中聆聽花園、親子共讀、家長成長班等深耕閱讀系列活動，成效斐然。

　　福星國民小學附設幼稚園經過多年的努力與成長，深獲幼教團體及師資培育機構的注目及肯定，入園參觀、實習團體絡繹不絕，園長及園內老師亦經常受邀演講分享。但常因時空的限制，外界無法作更深入的窺探及瞭解，常有未盡之遺憾。為使本校附幼繪本教學之精髓及內容，能作更有系統的介紹及交流，在吳淑玲教授的指導鼓勵下，集結全園親師生的教學歷程及經驗心得，出版本書，懇盼獲得您們的展讀及迴響。感謝心理出版社在幼教一片低靡氛氛中，為我們出版本書，甚至不惜成本彩色印刷，讓我們十分感動與感激，亦使我們2007年教學成果驗收期更加豐盈。

　　在此，我們要特別感謝一路支持、鼓勵我們成長，並給予我們發展能力及抱負空間的郭校長木蒼，因為郭校長的肯定、協助，讓我們有了更大的揮灑空間，成為一個和孩子一起舞出童書之美的快樂幼教人。

　　另外，我們也要特別感謝陪我們一起走過的十位實習老師：新竹教育大學的黃玉如同學、楊音紜同學、黃懿貞同學、許彥俐同學；台北市立教育大學的王薪喻同學；花蓮教育大學的賴佳盈同學；實踐大學的葉美吟同學、許雅芳同學和國立臺北護理學院的林怡君同學、黃煜婷同學。因為您們的參與，讓我們的教學和生活更精采及感動！

主題一

我是獨特的

一、書籍簡介

　　書　名：我是獨特的

　　作　者：文／森繪都

　　　　　　圖／杉山佳奈代

　　譯　者：周姚萍

　　出版社：小魯文化事業股份有限公司

二、內容介紹

主角大頭弟是個國小學生，他有點平凡，也有點不一樣——臉頰上有可愛的酒窩、會倒立走路。他的好朋友說，他可以倒立走路到任何他想去的地方！很巧的是，在地球某個地方，也有個有酒窩的小男孩，他也會倒立；難道世界上有跟大頭弟一模一樣的人嗎？不，那個男孩和大頭弟還是有不一樣的地方，男孩討厭吃咖哩，大頭弟卻是非常喜歡吃呢！

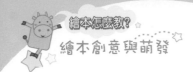
三、緣起

　　開學之初，園內教師們在教學會議中討論對甫入學幼兒的期待，教師們期待幼兒可以快樂來上學，並能喜歡自己，學習從自己會說、會做、會玩、會收拾、會與他人分享和均衡飲食等正向行為中建立對自我的肯定。所以，教師們挑選內容符合目標的「我是獨特的」一書，運用此書內容中的議題，開始展開一系列統整不同領域教學的童書課程之旅，讓幼兒能從中發現自己的特點。這些特點或許不全是優點，可能為自己帶來煩惱或悲傷，但幼兒也能從中學習面對問題適當抒解自己情緒和擔憂。同時，在少子化趨勢下，學校生活除了學習知識以外，如何與人相處亦成為幼兒學習的重要課題之一。如何與他人相處或溝通、如何欣賞他人的優點與接納他人的缺點等要項，也為本單元的學習重點。

四、教學目標

一、認識自己的名字、不同時期的自己與自己的特色（點）。

二、認識自己的幼稚園和園內教師。

三、學習表達自己的想法並能尊重與欣賞他人。

四、培養生活所需之自理能力，並學習肯定自己的能力與表現，建立自信與自尊。

五、學習與他人溝通合作之方式與態度，增進團隊合作之精神。

五、主題情境佈置

呈現繪本封面於主題故事牆上，讓幼兒清楚了解即將探索的主題繪本名稱與主角，激發幼兒探索、發現與思考的動機與興趣，並與班級幼兒共同建構，在牆面中融入幼兒創意表現之作品，呈現繪本與幼兒巧思下的嶄新故事牆。

開學後，希望能促進班級幼兒與人相處的技巧及主動助人的態度，建立起幼兒與同儕、老師之間正面的互動關係，讓幼兒能在快樂與和諧的環境與氣氛中學習，因此在班級情境佈置中設立愛心樹，期望幼兒除了在單元中能認識自己與肯定自己之外，也能學習與人相處的方式、幫助別人的方法。透過幼兒愛心事件的表現，幫助愛心樹長出葉子，使班上的愛心樹茂密結果，讓幼兒能看見並感受自己的愛心在班級中滋長茁壯。

六、教學前概念網

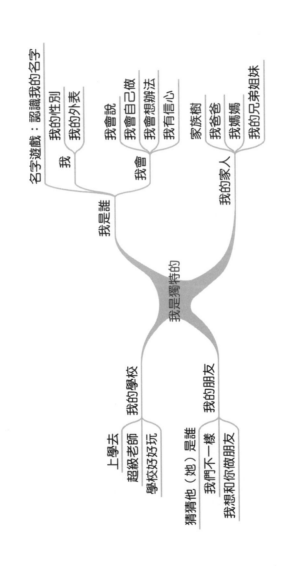

名字遊戲：認識我的名字
　我的性別
我　我的外表
　　我會說
　　我會自己做
我會　我會想辦法
　　我有信心
　　家族樹
我的家人　我爸爸
　　我媽媽
　　我的兄弟姐妹

我是誰

我是獨特的

上學去　我的學校
超級老師
學校好好玩

猜猜他（她）是誰　我的朋友
我們不一樣
我想和你做朋友

七、教學後活動網

我是獨特的

我是誰

我
可愛的我
- 科學爆米花
- 我的影子
- 我的骨頭
- 我的血液系統
- 我的消化系統
- 神奇的床舖
- 以前的我和現在的我
- 紅狐狸
- 聲音的傳遞

我會做
五歲娃
- 生活自理能力大考驗
- 國王的超級特派員
- 愛心樹
- 燙燙小妖怪
- 黑貓過橋
- 伸長變身術
- 快快球與慢慢球
- 小手小腳大考驗
- 我是神射手
- 皮卡丘樂園
- 愛蓋章的國王
- 阿比比一比
- 朱家的故事：我是好幫手
- 飛盤大考驗

我們的王國
- 愛心醫院
- 愛心寵物醫院
- 我最棒（教學觀摩統整活動）

我的朋友
- 我們這一班
- 男孩女孩一樣好
- 猜猜我是誰
- 好朋友

我是獨特的

我的學校
- 學習區
- 快樂生活
- 我的老師
- 我的學校、課本和班級

中秋節
- 公主的月亮
- 月亮大搬家
- 中秋節品嚐活動
- 月亮神偷與迷糊偵探

班級活動
- 小小說書人選拔比賽

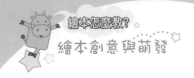

八、深化團討

8-1 主題設問

主題繪本：我是獨特的

以「認識自己」為架構

原因：大頭弟有哪些特別的地方？

經過：大頭弟和家人、好朋友、同學、鄰居哪裡不一樣？

結果：有人和大頭弟一樣嗎？

延伸：1.「特別、獨特」是什麼意思？
 2.你有哪些特別的地方呢？
 3.你喜歡你特別的地方嗎？

延伸活動：可愛的我（自畫像）

以「認識他人」為架構

原因：大頭弟覺得自己獨特的地方有哪些？

經過：別人如何形容大頭弟特別的地方？

結果：大頭弟能説出和優泰一樣和不一樣的地方嗎？

延伸：1.大頭弟有哪些地方跟你很像？
 2.你覺得你有哪些特別的地方？
 3.班上有人跟你一樣嗎？

延伸活動：我們這一班（獨特統計表）

以「認識不同民族」為架構

原因：大頭弟有哪些特別的地方？

經過：有哪一個人跟大頭弟很像？

結果：大頭弟和優泰有哪些地方不一樣？
 （國籍、膚色、習慣……）

延伸：1.優泰住在哪個國家？
 2.大頭弟住在哪裡？
 3.他們吃的習慣有什麼不同？

延伸活動：拜訪地球村（品嚐各國美食）

以「   」為架構

原因：1.
 2.

經過：1.
 2.

結果：1.
 2.

延伸：1.
 2.

延伸活動：

8-2 主題繪本活動實例

【可愛的我】

教學資源 繪本、粉蠟筆、八開圖畫紙、學習單、幼兒照片

教學過程

1. 教師講述繪本《我是獨特的》。
2. 與幼兒進行繪本討論，問題包含：
   (1) 人頭弟有哪些特別的地方？
   (2) 「特別」、「獨特」是什麼？每個人都有嗎？
   (3) 你喜歡自己哪些「特別」、「獨特」的地方呢？讓幼兒從自己的觀點來認識自己，討論中幼兒提到的特點不僅包含優點，也包含缺點。
3. 討論後進行「可愛的我」自畫像創作，完成後請幼兒介紹自己及喜歡自己什麼地方。
4. 週末時讓幼兒攜回「我是誰」學習單，親子共同完成。隔週一幼兒交回後，在班上分享以前和現在的自己。

生成概念 「獨特」包括優點和缺點。

○ 幼兒創作自畫像

○ 親子學習單

○ 幼兒介紹自己

評量
〈口頭評量〉能完整介紹自己的名字和喜歡自己的地方。
〈觀察評量〉能專心聆聽故事。會正確使用蠟筆。
〈操作評量〉能畫出自己的畫像。

1

我是獨特的

8-3 深化團討紀錄

　　T：大頭弟有哪些特別的地方？

S12：有酒窩。

　S3：有兩個大頭弟。

S17：愛吃咖哩。

S14：最怕被蚊子叮。

S20：沒有得到簽名。

　　T：什麼是「特別」？

S20：特別就是他很特別，只有他會被蚊子叮。

　S3：特別就是，全班只有他會倒立。

　　T：你覺得獨特、特別好不好？

　　　（有幼兒說好，有幼兒說不好）

　　T：你覺得自己哪裡很特別？

　S3：常感冒。

S17：常被蚊子叮。

　S1：最容易生病、最脆弱，睡覺的時候蚊子都會到被子裡叮我。

S13：我跟媽媽睡的時候都有蚊子，我沒有跟媽媽睡的時候沒有蚊子。

S28：我會氣喘。

S20：我最喜歡睡覺。

S14：我的大眼睛很特別。

　S3：我有時候和媽媽睡的時候亂踢一通，曾經滾下床。

S10：我每次睡覺的時候睡起來頭髮會翹起來。

S12：我這裡有酒窩。

🎧 幼兒分享親子學習單

🎧 教師講述繪本

九、活動單元

【我會做】

教學資源 《小阿力學穿衣》（透明繪本）、學習單、各顏色圓點貼紙、蠟筆

教學過程

1. 教師與幼兒一同欣賞透明繪本《小阿力學穿衣》。
2. 請幼兒發表穿衣服的方法，並示範穿脫衣服的動作。
3. 請幼兒說出與示範除了穿衣服外，自己可以完成的事情。如：小心走、會收拾餐具、會單腳跳、會認自己的姓名、會騎腳踏車等。
4. 展示發表「我會做」的動作，並完成學習單。
5. 在學習區的生活自理區中，提供幼兒更豐富的探索空間和自理能力練習，如：撕紙、敲打、穿衣、拉一拉、倒水、磨鹽巴、夾珠子、切蛋糕等教具，增進幼兒小肌肉的練習和手眼協調。
6. 活動進行後並延伸語文方面的創作，培養幼兒聆聽和欣賞「小娃娃」兒歌，並自己嘗試創作最後一句，肯定幼兒的成長與表現。

評量
〈口頭評量〉能大方發表自己會做的事情。
〈觀察評量〉會正確找出自己姓名圖卡。
〈操作評量〉能辨認出自己的姓名並圈出會做的圖片。

🔾 幼兒展現跑的動作

🔾 展現會做的動作

🔾 幼兒完成學習單

【黑貓過橋】

教學資源 黑貓手套偶、白貓手套偶、藍色布、彩虹橋數棒、七巧片、面恩物（福祿貝爾教具）

教學過程

1. 幼兒欣賞教師演出「黑貓、白貓要過橋」戲劇，劇中黑貓和白貓同時要過橋，不但吵了起來還把把橋弄壞了。

2. 請幼兒協助解決黑貓與白貓的爭吵，並且當遇到橋壞掉的狀況時，請幼兒共同思考解決的方式，幫忙搭建穩固的橋，並且共同思考協助黑貓和白貓過橋。

3. 請幼兒發表橋的功用，如：橋的功用有哪些？幼兒曾經看過哪些橋？

4. 教師提供多樣不同的教具，如數棒、力方塊、七巧片等讓幼兒嘗試建構心中的橋。

5. 搭建完畢後，幼兒彼此分享自己與同儕所搭建的橋。

> **評量**
> 〈口頭評量〉能大方發表看過或知道橋的名稱與造形。知道如何解決爭吵。
> 〈觀察評量〉會仔細思考橋的造形；會運用教具進行建構。
> 〈操作評量〉能排列出高低序列的造型。

↑ 黑貓白貓要過橋　↑ 幼兒嘗試解決過橋問題　↑ 幼兒自己搭橋

【我會數】

教學資源 繪本、雪花片、貼紙、學習單

教學過程

1. 教師講述繪本《國王的超級特派員》。

2. 故事講述後與幼兒討論「國王的特派員運用什麼樣的方式計算國王的特派員人數？」、「哪一種方式比較快？」、「還有哪些計算的方式？」等問題。

3. 教師提供雪花片，以分組競賽的方式讓幼兒運用雪花片嘗試不同數量的計數。如：兩個一數、五個一數或十個一數等。

4. 活動後，講解並讓幼兒嘗試完成學習單，並透過學習單瞭解幼兒對計數的學習。

評量
〈口頭評量〉能說出一種計數的方法。
〈操作評量〉1.能理解並完成指令，例如：請拿出三個。
　　　　　　2.能以兩個與五個一數的方式完成三十的計數。

⬆ 十個一數的計數

⬆ 兩個一數的計數

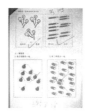
⬆ 學習單評量

【愛心樹】

教學資源 各色印泥、紙片（書面紙、瓦楞紙）、金斧頭戲劇杖頭偶、故事「金斧頭」

教學過程

1. 欣賞教師演出戲劇「金斧頭」。

2. 戲劇後與幼兒共同討論並請幼兒發表如：

   (1) 河仙女只幫助誰？

   (2) 河仙女為什麼不幫助哥哥？

   (3) 你曾經幫助了什麼人？什麼事？

   (4) 別人對你的幫助，你記得嗎？

3. 請幼兒觀察並發表教室佈置中的大樹少了什麼？

4. 教師介紹樹的名稱（愛心樹）及其生長葉子的方式。

5. 請幼兒發表在學校中哪些事可以幫助愛心樹長葉子。

6. 讓幼兒實際製作愛心樹的葉片，並交給教師保管。只要幼兒有做到好事就可以得到一片愛心葉，並長在大樹上，期待大樹長葉結果的日子。

評量
〈口頭評量〉能說出曾經接受過他人幫助的事情。
〈觀察評量〉能運用材料創作蓋印圖形。
〈操作評量〉能畫下幫助他人或被他人幫助的事。

🔊 演出金斧頭

🔊 愛心葉創作

🔊 愛心小天使

【男孩女孩一樣好】

教學資源 人物棒子偶、各種不同職業道具服

教學過程

1. 教師演出戲劇「小紅和阿寶的煩惱」。描述小紅想像男生一樣踢球，阿寶想玩洋娃娃，但是兩個人的願望一直藏在心裡沒辦法實現，所以很煩惱又擔心被其他同伴笑，直到有一天兩個人遇見了……。

2. 觀賞戲劇後，與幼兒討論：
   (1) 女孩想踢球不能踢，女生踢球是一件跟其他人不一樣的事情嗎？
   (2) 小寶想要一個娃娃學習媽媽照顧娃娃，但大人都說不好？為什麼？
   (3) 究竟女生做什麼好？男生做什麼好？

3. 老師提供各種道具服，讓幼兒自己選擇裝扮。

4. 幼兒裝扮後並發表自己扮演的角色以及想裝扮的原因。

 小紅與阿寶的煩惱

 變身消防員

> **評量**
> 〈口頭評量〉能發表自己對男生女生的看法。
> 〈觀察評量〉能愉快參與變裝活動。
> 〈操作評量〉會自己穿好扮演的衣服。

【燙燙小妖怪】

教學資源 巫婆服、湯鍋道具、燙傷急救圖卡、學習單

教學過程

1. 教師演出自編戲劇「巫婆的湯鍋」。故事描述巫婆在練習魔法時，不小心打翻湯鍋，正在擔心不知如何是好時，鍋裡出現魔法咒語「沖、脫、泡、蓋、送」，究竟是什麼意思呢？

2. 戲劇中幼兒與教師共同扮演，並由幼兒示範燙傷急救的正確方法——沖、脫、泡、蓋、送，一起解除魔法咒語。

3. 幼兒完成學習單進行學習評量。

生成概念 燙傷急救的方式：沖、脫、泡、蓋、送。

評量
〈口頭評量〉會正確說出燙傷急救的方法。
〈觀察評量〉能正確示範燙傷急救的方法。
〈操作評量〉能正確完成燙傷急救順序學習單。

↻ 巫婆與湯鍋

↻ 幼兒與教師共同扮演

↻ 急救妙方學習單

【科學爆米花】

教學資源 微波爐、觸覺板、神秘箱、爆米花、學習單

教學過程

1. 透過感覺教具——觸覺板與神秘箱讓幼兒嘗試用手觸摸，透過手來感覺物品的質感並嘗試猜出物品名稱。

2. 幼兒於觸摸活動後討論藉由觸摸會產生哪些感覺，如：冷、熱、硬、軟、刺、尖、圓、滑等。

3. 討論後教師拿出一包未微波的爆米花，讓幼兒觀察後放入微波爐中，幼兒透過眼、耳、鼻感覺爆米花在微波爐中的變化，並說出感覺，如聞到的味道、看到的變化。藉由爆米花讓幼兒體驗四種感官的變化：視覺——越變越大；嗅覺——傳出香氣；聽覺——傳來嗶嗶波的聲音；觸覺——會有熱熱的感覺。

4. 公布紙袋的秘密後，大家一起品嚐爆米花，並完成學習單。

評量
〈口頭評量〉會說出觸摸物品的感覺。
〈觀察評量〉能仔細運用五官來發現爆米花不同的變化。
〈操作評量〉能正確完成五官總動員習單。

🔊 體驗神秘箱

🔊 幼兒運用感官猜測微波爐中的物品

🔊 感官學習單

【伸長變身術】

教學資源 繪本、圖畫紙、彩色筆

教學過程

1. 欣賞繪本《七兄弟》。

2. 故事後教師與幼兒共同討論與故事內容相關之問題，如：七兄弟有什麼特別的地方？七兄弟遇到哪些困難？如何解決？你會將超能力運用在什麼地方？你喜歡哪一種超能力？有哪些東西可以變長等？

3. 討論後幼兒發揮想像力與創造力，創作出自己的創意伸長書。

4. 創作後大家一起分享與欣賞。

評量

〈口頭評量〉1.能說出哪些是長的物品。

2.能發揮想像，說出如何運用超能力。

〈觀察評量〉能認真畫出想要表現的圖畫。

〈操作評量〉能完成創意伸長書。

⊙ 七兄弟故事欣賞

⊙ 龍捲風

【你的身高・我的身高】

教學資源 故事簡報、幼兒身高表、學習單

教學過程

1. 教師講述故事「阿比比一比」，並在故事講述的過程中，與幼兒討論阿比與阿吉兩人的比較方式。
2. 故事結束後與幼兒進一步討論「該如何比」才是「公平」的？
3. 讓幼兒以自己實際的身高進行不同的比較，並找出最高的幼兒，如：男生間互相比、女生間互相比，男生女生一起比等方式。
4. 比較活動進行後，讓幼兒在班級身高表中留下自己的身高紀錄，並完成學習單。

生成概念 怎麼比，才「公平」。

> 評量 〈口頭評量〉能說出故事的內容與發展。
> 〈觀察評量〉會運用視覺比較身高。
> 〈操作評量〉能畫出自己的身高紀錄。

⋂ 高矮比一比

⋂ 記錄我的身高

【影子妖怪】

教學資源 繪本、手電筒、檯燈、白色書面紙、對開木框、影片

🎧 手影遊戲

教學過程

1. 欣賞繪本《帕拉帕拉山的妖怪》。

2. 故事後與幼兒討論以下問題：

   (1) 故事中的妖怪是誰？

   (2) 小小的豪豬怎麼會變成大妖怪呢？

   (3) 需要什麼才會有影子產生呢？

   (4) 我們的影子長什麼樣子？

   (5) 影子怎麼會變來變去呢？

🎧 光與影的體驗

3. 用手電筒照出手的影子與幼兒討論光與影的形成，並讓幼兒體驗手影遊戲。

4. 手影遊戲後與幼兒一起進行猜影子遊戲，讓幼兒從影子來猜測框框後面的是哪一位。

5. 影子活動過後延伸活動讓幼兒觀賞影片「床底下的怪物」。

生成概念 「光」照不到的黑暗部分稱為影子；影子的變化與光源遠近及亮度有關。

評量
〈口頭評量〉能說出故事的內容與發展。
〈觀察評量〉能認真觀察影子的變化。
〈操作評量〉能運用雙手創造不同造型的影子。

【月亮不一樣】

教學資源 繪本、白板、磨砂紙、蠟筆

教學過程

1. 教師講述繪本《公主的月亮》。
2. 與幼兒討論他們對於月亮的形狀、重量、大小等想法。
3. 請幼兒在白板上畫下自己看過的月亮，並討論每一位幼兒畫下的月亮形狀。
4. 讓幼兒運用蠟筆在磨砂紙上創作「大家來賞月」的圖畫創作。

生成概念 認識月亮的形狀與八大行星。

評量
〈口頭評量〉能說出自己的想法。
〈觀察評量〉能專心聆聽故事。
〈操作評量〉能運用蠟筆完成作品。

◑ 畫月亮

◑ 磨砂紙創作

我是獨特的

【眼睛累了?!】

教學資源 繪本、故事簡報、學習單、西卡紙、橡皮筋

教學過程

1. 教師講述故事「紅狐狸」。

2. 故事後,老師與幼兒討論在繪本中眼睛所看到的動物顏色有什麼不同。

3. 教師以行動短劇的方式演出視力保健的方式,並請幼兒在觀賞過程中找出不合理的地方。

4. 請幼兒完成視力保健學習單。

5. 延伸活動可請幼兒創作翻翻卡,體驗視覺暫留的神奇效果。

評量

〈口頭評量〉能回答出至少一種眼睛保健的方式。

〈觀察評量〉能專心聆聽與觀賞故事。

〈操作評量〉能獨立完成學習單。

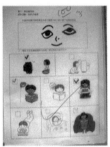

♬ 視力學習單

【買東西囉！】

教學資源 水果、布偶道具、左與右字卡各一張

教學過程

1. 幼兒觀賞戲劇「小寶幫媽媽買東西」。小寶出門幫媽媽買東西，迷糊的老闆卻怎麼拿都不是小寶要買的東西，一下左邊一下右邊，小寶急的像熱鍋上的螞蟻，老闆你也幫幫忙啊！這樣下去小寶沒辦法完成任務啊！

2. 在戲劇演出的過程中，請幼兒一起動腦幫忙老闆想一想哪邊是左邊？哪邊是右邊？

3. 請幼兒示範操作該如何幫小寶解決問題。

4. 請幼兒嘗試扮演戲劇中的老闆與顧客，老闆必須依顧客的需求拿取指定的物品完成買賣的任務。

5. 請幼兒嘗試自己當老闆完成拿取正確序列的物品。

評量
〈口頭評量〉能說出老闆選取客人要買物品時的序列問題。
〈觀察評量〉能正確舉對右手或左手。
〈操作評量〉能拿取正確的方向與序列排列物品至少一次。

🔊 買東西囉！

🔊 來當老闆

【小小偵探】

教學資源 故事簡報、透明繪本、滑溜布、圖畫紙、彩色筆

教學過程

1. 與幼兒討論班上最高、最矮、年紀最小的幼兒是哪些。

2. 老師準備滑溜布請兩、三位幼兒站在滑溜布後，露出幼兒某些部位，讓大家猜猜看是哪一位小朋友。

3. 除了猜測班上小朋友特徵外，也請幼兒從大自然生物的特徵來猜猜看是什麼樣的生物，並請幼兒說說看有哪些動物有令人印象深刻的特徵。

4. 欣賞繪本《誰偷了獅子大王的皇冠》，並於故事後讓幼兒找出透明繪本中奇怪的地方。

5. 請幼兒發揮想像力和創意製作「猜謎小書」，並與全班一起分享，大家一起猜猜看正確答案是什麼。

生成概念 「特徵」是指「和別人不一樣的地方」。

評量
〈口頭評量〉能依提示思考問題並正確回答問題。
〈觀察評量〉能愉快地參與猜謎活動。
〈操作評量〉會發揮創意製作猜謎小書。

猜一猜

哪裡怪怪的

我的猜謎小書

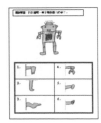
猜謎小書

【生氣怪物】

教學資源 繪本、圓形紙片、打洞器、橡皮筋、彩色筆

教學過程

1. 欣賞故事繪本《家有怪物》。
2. 與幼兒討論故事內容與對付怪物的方式等問題。
3. 討論後，幼兒發揮創意設計「收服轉轉卡」一起抓怪物。
4. 幼兒收拾用具並展示自己的設計與大家分享。

評量 〈口頭評量〉能依教師所問的問題回答相關答案。
〈觀察評量〉能主動舉手發言。
〈操作評量〉能自己完成怪物收服卡。

♀ 住在城堡的公主

♀ 翻翻又轉轉

【我是好幫手】

教學資源 繪本、鞋子數雙、簡報檔、學習單

教學過程

1. 教師與幼兒一同欣賞繪本《朱家故事》。

2. 與幼兒討論「家中的家事通常誰在做?」「為什麼要一起做家事?」「你會幫忙完成哪些家事?」等問題。

3. 請幼兒扮演媽媽的小幫手,幫助媽媽完成工作,如:透過簡報請幼兒協助媽媽完成簡報中的配對與計數、協助媽媽找出一雙雙正確配對的鞋子。

4. 請幼兒找出學習單中為「一對」的物品。

ⓝ 雙對學習單

生成概念 認識「一對」的單位詞與物品。

評量	〈口頭評量〉能正確念唱和點數物品的數量。
	〈觀察評量〉能正確找出「一對」的物品。
	〈操作評量〉能獨立完成學習單的評量。

【搬月亮】

教學資源 繪本、大籠球、滑溜布、乒乓球、紙盤、湯匙、律動音樂

教學過程

1. 帶領幼兒進行活動前的暖身活動。

2. 與幼兒分享「爸爸我要月亮」的故事。

3. 請幼兒化身成為故事中協助爸爸的小幫手,利用不同的工具:

   (1) 運用湯匙搬運乒乓球,過程中要維持球不掉落。

   (2) 運用紙盤搬運乒乓球,過程中要維持球不掉落。

   (3) 拉住滑溜布,讓大籠球從布的一頭滾動到另一頭。

4. 與幼兒分享搬運過程中,當球滾動時該怎麼控制球不會掉落。

評量

〈觀察評量〉能遵守遊戲規則。

〈觀察評量〉1.能依球的動作調整自己的手腳動作。

2.能維持讓球不停滾動及平衡。

⚓ 好大的月亮啊!

⚓ 月亮的搬運軌道

【愛心醫院】

教學資源 醫生組道具、書面紙、彩色筆、塑膠積木、小空瓶、塑膠袋

教學過程

1. 教師與幼兒共同回顧整個單元中進行過的活動，並請幼兒發表自己覺得喜歡與不喜歡的課程和原因。

2. 幼兒共同討論對於未來課程的想法及其想繼續發展與進行的活動。

3. 幼兒討論後列出大家想一起進行的活動，並協商表決希望能建立一間愛心醫院，共同規劃掛號、看診、骨科、注射處、外科包紮、領藥處、批價等部門。

4. 幼兒討論並分組製作各部門所需的用品，如：掛號證、病歷表、X光片、領藥單、藥包等。

5. 分組製作醫院所需的軟、硬體之後，幼兒開始討論醫院中看病的流程與幼兒體驗的方式，幼兒分為兩組輪流扮演醫生、護士、病人等不同角色體驗愛心醫院中看病、診療、包紮、配藥與領藥等經驗。

6. 活動進行後幼兒分享活動中的感覺與經驗，覺得當醫生很辛苦、護士很忙、病人很可憐等想法，但自己在過程中好像真的在看病，不論當病人、醫生或護士都很好玩。但是一直打針很痛，所以有幼兒提出可以幫動物看病，決定把愛心醫院變成一間動物專用的寵物醫院，並帶來自己的布偶扮演病人，繼續開張寵物醫院。

生成概念 1.醫院看病的流程；2.X光片是醫生診斷病情的重要依據。

評量
〈口頭評量〉能說出自己看醫生的經驗。
〈觀察評量〉樂意參與活動。
〈操作評量〉能與他人合作完成被分配的任務。

掛號時要量耳溫

小心慢慢擦

OK繃貼起來

要拍囉！不要動

十、學習單

◎ 請在下面的空格中畫下你自己的樣子。

我的名字是＿＿＿＿＿＿＿＿＿＿＿＿＿＿＿＿＿＿＿

我是　□男生　□女生。

我最特別的地方是＿＿＿＿＿＿＿＿＿＿＿＿＿＿＿＿

學習單　我是誰

◆ 請在下面的框框中貼上你「現在」和「以前」的照片。

以前的我　　　　　　　　現在的我

我的姓名是＿＿＿＿＿＿＿＿＿＿＿＿＿＿＿＿＿＿＿＿

我最喜歡的顏色是＿＿＿＿＿＿＿＿＿＿＿＿＿＿＿＿＿＿

我最喜歡的玩具是＿＿＿＿＿＿＿＿＿＿＿＿＿＿＿＿＿＿

我最常看的電視是＿＿＿＿＿＿＿＿＿＿＿＿＿＿＿＿＿＿

我最喜歡去玩的地方是＿＿＿＿＿＿＿＿＿＿＿＿＿＿＿＿

學習單 我的家人

◎ 我家年紀最小的是

_____

_____ 歲

◎ 我家年紀最大的是

_____

_____ 歲

1
我是獨特的

請在這裡貼上全家人的照片一張

◎ 請蒐集家人的簽名或指印（爸爸、媽媽也可以幫忙代簽喔！）

我的 **爸爸媽媽**

我的 **叔叔阿姨**

我的 **兄弟姐妹**

我的 **表哥表姊表弟表妹堂哥堂姊堂弟堂妹**

我的 **爺爺奶奶**

我的 **寵物**

學習單　我的學校

一、上學的道路：小朋友，請你將學校四周的道路名稱圈起來並塗上顏色。

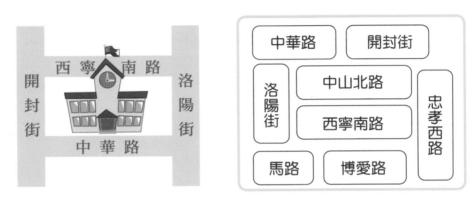

二、注音遊戲：小朋友要到福星附幼上學，請你沿著**福星**走到學校。

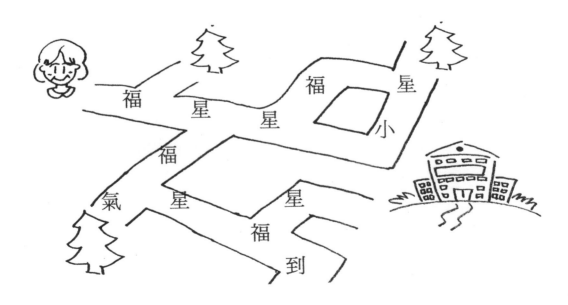

學習單　比一比

◎ 比一比，誰比較「高」？
在比較高的動物下面打✔

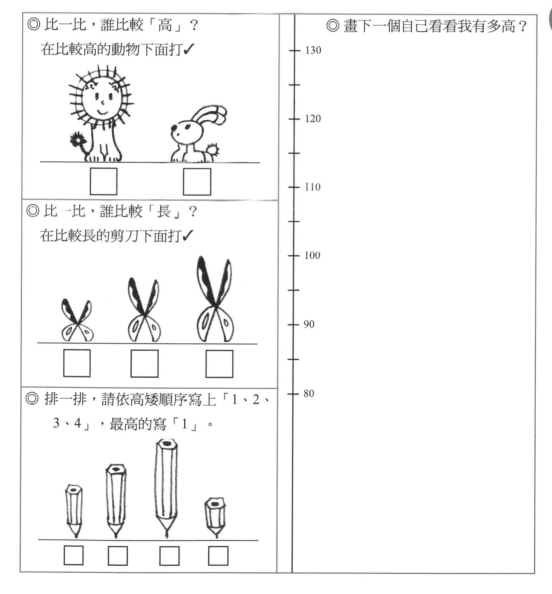

□　　□

◎ 比一比，誰比較「長」？
在比較長的剪刀下面打✔

□　　□　　□

◎ 排一排，請依高矮順序寫上「1、2、3、4」，最高的寫「1」。

□　□　□　□

◎ 畫下一個自己看看我有多高？

130

120

110

100

90

80

1

我是獨特的

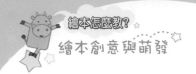

學習單　燙傷急救小妙方

◎ 把正確的圖片和字連起來。

1. 沖	2. 脫	3. 泡	4. 蓋	5. 送

◎ 如果你看到火，你會想到……？或是你會做……？請畫在下面的圖框中。

 學習單　神奇的味蕾

◎ 請畫下一樣你最喜歡吃的東西，並試試看把它的味道圈起來。

酸	苦
甜	鹹

◎ 連連看這些食物的味道是什麼？

酸		苦		甜		鹹

猜謎題目：找找看哪一隻才是機器人的手？

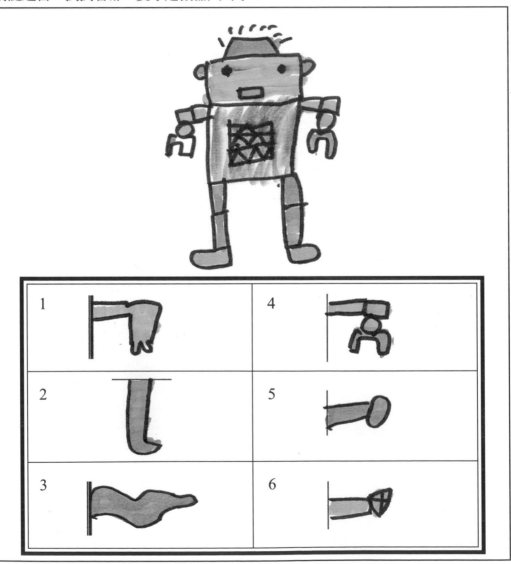

 伸長變身術

拉開來就變長囉

學習單　我的寶物小書

我

1.

我像鱷魚一樣勇敢

5.

我會照顧獨角仙

我會牽好媽媽的手

2.

我會把東西都吃光

我會畫畫和寫字

6.

7.

我會和同學相親相愛

3.

我骨頭很軟，
我會劈腿

8.

十一、你還可以這樣教

活動一：不可能的任務

運用身體各部份的器官完成闖關活動：找鈴鐺（耳朵）、將不同的豆子分類（手、眼）、找出相同的樹葉（手、眼）、運乒乓球（手、眼、腳）。

↻ 我會挑豆子

↻ 我生氣的樣子

活動二：我的情緒

繪本《我好生氣》，表演生氣時的表情。討論：什麼時候會很生氣？如果生氣了我會怎麼做讓自己不生氣？

活動三：我會烤餅乾

獨特的我包含我可以自己完成的部分，孩子從攪拌材料，到搓揉餅乾形狀都是自己完成喔！（材料：麵粉、奶油、糖）烤餅乾與品嚐餅乾。學習單：畫出今天烤的餅乾。

↻ 把材料攪拌均勻

↻ 我們是媽媽囉！

活動四：我從哪裡來

繪本《媽媽的大肚子》，經由團討我從哪裡來，認識小寶寶如何長大，利用氣球放在衣服中讓幼兒體驗媽媽懷小寶寶的感覺，感覺懷孕有沒有什麼不方便的地方，了解為什麼小寶寶生出來會哭？

活動五：我會分辨冷熱

教室三個燒杯，分別裝冷水、冰水和熱水，讓孩子分別觸摸三杯水的溫度並說出感覺。老師準備不同的材料（木塊、石頭、電池、彈珠、磁磚、蠟燭、塑膠玩具、保麗龍球），讓孩子分辨冷熱的感覺。學習單：畫出冷與熱的東西。

↻ 我來試試看

⊙ 好朋友圍圈圈

活動六：好朋友火車

　　透過繪本的賞析及深化討論，進行許多認識好朋友的遊戲和活動。最後以手牽手，開步向前走的活動，將全班每個小朋友的手結合在一起，有默契、有秩序的開步前進校園每個角落，將好朋友火車駛入愛的軌道，玩賞友誼。

活動七：我的最愛

　　每個人都很特別。透過一系列分組活動型式的分享會，每個人分享自己的最愛，也瞭解別人歡喜的世界。衣服展示會、玩具聯歡會、食物品嚐會、愛書交流會及小動物介紹會。孩子大方的表達出自己的內心慾望，也在互動中獲致成就感與心靈滿足。

⊙ 「我的最愛」分享

活動八：我學會了

　　以繪本激發孩子鍥而不捨的學習毅力；以「紫竹調」表達老師對孩子的殷殷期盼；在很短的時間內共同學會了吹直笛、跳繩、呼拉圈、照相、計算、烹飪及做家事等。連日來的成長與鬥志，都在新鮮與練習交織中滋長。

⊙ 我會吹奏好聽的歌曲

活動九：特別的日子、特別的我

　　慶生的喜悅，憶及父母的慈恩，我們學習珍視自己並尊重他人，也在快樂的慶生會許願與祈福。開學日一起體驗開學與迎新的歡喜；中秋佳節參與美好傳說及習俗；也在光輝十月為我們的國家歡慶生日。

⊙ 開學日喜相逢

活動十：蠟燭和水不是好朋友

　　我們在科學實驗中體驗到蠟燭和水因特性的殊異而相互不容，卻也同時發現到蠟燭和水都具有獨特的功用及優點。除了實驗時的趣味，也引導孩子對個別差異的自我肯定及擁有面對挫折的勇氣與智慧。

⊙ 分組實驗觀察

活動十一：猜猜我是誰

　　各小組推出一位小小模特兒，躺在全開壁報紙上，其他人為他畫下身體外型輪廓，活動過程中，幼兒的身高因個別差異，為能讓自己肢體完全在海報紙上呈現，所以幼兒運用創意展現不同的姿態，再利用各種不同的美勞素材，小組員們共同為小小模特兒設計服裝及造型。

◑ 我們是創意大師

活動十二：超級模特兒

◑ 超級模特兒

　　「改造教師大作戰」讓幼兒成了小小造型師，這樣的趣味引發幼兒想為自己進行大變身；從服裝造型設計到舞台佈置，幼兒一手包辦，最後每位超級模特兒大方地展現自我，結合音樂演出一場精采的走秀。

活動十三：我會愛

　　透過繪本《我的妹妹聽不見》、《我的姐姐不一樣》、《七隻瞎老鼠》，幼兒認識與自己不同的人，藉由分享觸動幼兒同理心，並試著嘗試一種不同與己的生活體驗，運用道具體驗看不到、聽不到、行動不便是什麼樣的感覺？事後分享引發幼兒感恩惜福的心。

◑ 看不見真是不方便

活動十四：讓愛傳出去

◑ 我們真的很幸福唷！

　　結合創世基金會捐發票活動，幼兒了解捐發票也是一種助人的方式，那麼想關懷身旁的人可以怎麼做呢？於是就有了「小天使與小主人活動」，這活動歷程中，孩子學習如何默默付出關懷，以及感受到被關懷的幸福，最後，舉辦了相見歡「愛的祝福」活動。

活動十五：朱家故事

　　透過繪本「朱家故事」賞析，幼兒分享自己的家庭生活，為了更深刻體驗家庭成員所扮演的角色，因此展開一場家庭生活劇，從劇情設計、道具準備、角色分配、戲劇排演……，直到好戲開鑼，這個歷程讓幼兒體認到家庭成員的辛勞及分工的重要。

◑ 建構我們的家

○ 快樂來上學

活動十六：快樂開學日

　　開學的早上老師們裝扮成童話世界的人物在門口迎接小福星入園，教室內老師以輕快的音樂抒解幼兒緊張的情緒，接著以戲劇「上學記」和一首「親親笑咪咪」拉近彼此距離，在互道再見時彼此約定明天要笑咪咪的來上學。

活動十七：獨特的我

　　欣賞《我是獨特的》繪本後，和幼兒討論繪本主角的優點和獨特之處，讓幼兒知道每個人都是爸媽、老師心目中最獨特的寶貝，建立師生感情，接著讓每位幼兒畫一張自畫像，藉由幼兒的畫作，初步瞭解幼兒的繪畫能力。

○ 我就是我

○ 三個好朋友

活動十八：好朋友

　　老師合作演出「三隻花蝴蝶」戲劇，之後幼兒開心地輪流上台表演，感受好朋友應該要相親相愛、彼此考慮對方的情懷，接著進行「好朋友體操」音樂遊戲，透過肢體互動增進情感，藉此開展幼兒的人際關係。

活動十九：男生、女生

　　老師請幼兒仔細觀察「男生和女生有何不同」並請幼兒踴躍發言，除了外觀上的差異外，孩子也能具體說出男、女的不同處，做較深入的討論。最後請幼兒分享家事分工的經驗，並帶入「兩性平等」議題，建立幼兒正確的性別觀念。

○ 男生和女生

○ 我們的大學校

活動二十：我們的大學校

　　透過 PPT 介紹「福星國小」之後，帶著 PPT 圖片到校園尋寶，孩子們興高采烈邊走邊找尋與圖片相同的景物，完成任務後回到教室練唱園歌，每個孩子都是快樂的小福星。

十二、多元統整

希望藉由活動的參與能讓幼兒減輕面對新環境時的分離焦慮，學習如何表達自己的情緒，並展現自己的能力參與闖關活動，從活動中肯定自己，建立自信心，增進與同儕、教師間的良好互動關係，從快樂中學習。

【我最棒】

教學資源

1. 情境佈置：滑溜布、書面紙。
2. 道具：關卡海報、酸甜苦辣鹹食物、酸甜苦辣鹹字卡、空面紙盒、小蠟燭、呼拉圈、平衡木、鑽籠、海棉墊、全開書面紙、彩色筆、各種聲音 CD 與圖卡、圖畫紙。
3. 繪本：我好擔心（三之三）。
4. 其他：單槍、筆記型電腦、單槍螢幕、繪本簡報、擴音器、音響、音樂。

教學過程

1. 引起動機：蜜蜜節奏樂器表演。
2. 發展活動：
   (1) 《我好擔心》──運用簡報方式讓全員幼兒欣賞繪本。
   (2) 以戲劇方式，讓主角人物小珍珠、小雯雯介紹我最棒的關卡與闖關方式：
   - 香香屋大考驗──品嚐食物與文字配對。
   - 生日快樂──感受慶生的喜悅及空氣炮吹蠟燭。
   - 勇闖鱷魚潭──環式體能活動手腳並用一起來。
   - 王子公主選美賽──小組合作接力畫，團隊創意美如畫。
   - 和聲音玩遊戲──自然聲音真好聽，小小耳朵聽仔細。

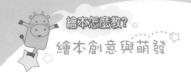
(3) 一個關卡約十分鐘，聽到音樂進行下一關，各班輪替的方式進行闖關。

3. 綜合活動：請幼兒畫下闖關活動中自己的好本領在「我的寶物小書」。

4. 延伸活動：「我最棒」教學觀摩學習單。

5. 評量：

> **評量**
> 1. 能說出自己所吃食物的味道及感覺。
> 2. 能參與闖關活動並遵守秩序。
> 3. 能聆聽故事並回答相關問題。
> 4. 能聆聽 CD 中的聲音，並正確找出聲音的圖卡。
> 5. 能完成我的寶物小書製作。

♪ 準備表演囉！

♪ 聽仔細囉！

♪ 接力畫

十三、幼兒綜合學習評量

主題名稱：我是獨特的　　　　　　　　班級：＿＿＿＿＿　姓名：＿＿＿＿＿

項目	評　量　內　容	評　量　結　果					
		優異		良好		加油	
		起始	總結	起始	總結	起始	總結
認知發展	1. 認識自己的名字						
	2. 認識四位以上幼稚園中教師的稱謂						
	3. 能說出兩種以上身體器官的功能						
	4. 認識與數出數字 1-30						
	5. 能說出燙傷急救五步驟						
	6. 能說出看醫生的過程步驟（掛號、看診、領藥）						
	7. 能指出眼睛、耳、鼻、手、口、月亮等字						
	8. 會說出高或長的物品一至二種						
	9. 認識圓形、三角形、正方形						
	10. 能說出兩種或以上單位為一雙的物品						
情意發展	1. 能耐心等待						
	2. 願意與他人分享玩具						
	3. 會說請、謝謝與對不起						
	4. 願意主動舉手說出自己的想法						
	5. 願意參與團體活動						
	6. 能專心傾聽故事						
技能發展	1. 能自己動手收拾使用過的用品或玩具						
	2. 能做出吃到酸、甜、苦、鹹不同食物的表情						
	3. 會寫出數字 1-7						
	4. 會運用教師提供的素材進行創作						
	5. 能完成兩個連續的動作指令						
	6. 會用形狀或數字創作兩種以上不同圖案變化						

老師的話：

　　　　　　　　　　　　　　　　　　　　老師簽名：＿＿＿＿＿

家長的話：

　　　　　　　　　　　　　　　　　　　　家長簽名：＿＿＿＿＿

1 我是獨特的

十四、教學省思

　　暑假時,我們預先設計好「我是獨特的」主題發展的各支線,並準備迎接學期到來。

　　但開學前亦即進行教學前,我們也思考著如何能在這個主題下提供班上幼兒更多的空間與機會,讓幼兒可以更主動的學習。但因著班上為混齡班的特性,並且幼兒經驗差異大,有的幼兒已進過其他的幼稚園,熟悉團體生活,有的幼兒則初進幼稚園,並未有團體生活的經驗,也不熟悉該如何與非家人的同儕共同生活,我們思慮著幼兒真的能自己選擇並從中學習嗎?我們的思慮成為我們教學思考的基礎,因此,我們在討論後決定放慢腳步,先從單元的教學開始,並由教師設計活動。雖然一開始為教師主導性強的學習方向,但一方面我們希望能培養幼兒在團體生活中所需的規則與經驗,另一方面也讓幼兒具備「我是獨特的」主題單元的內容知識基礎,並從過程中逐漸開放給幼兒更多自主學習的機會。

　　在單元主題開始的第一週我們從不同支線來設計活動,讓班上幼兒認識自己、同學、學校和教師。在這些活動中,我們感受到幼兒在學校生活中的喜悅,從陌生的環境開始,幼兒逐漸會在幼稚園不同空間中穿梭,而且越來越自在不顯陌生,同時友誼的嫩芽開始在幼兒身上萌發,幼兒們彼此從不認識到逐漸熟捻,在點心後或其他遊戲時間會相約一起進行遊戲,幼兒的改變讓我們也開始大膽的踏出我們的第一步——引導幼兒討論,並決定未來想學習的支線與方向,幼兒踴躍也主動地表達自己對學習方向的意願與想法,並投票決定未來繼續往「我」的軸線繼續探索。我們開始將設計活動的重心擺在協助幼兒認識更多與自己身體、器官與能力等部分相關的內容目標,與幼兒共同發現及探索身體的奧秘。在這段過程中,幼兒認識了自己的感官,從聽、聞、看、嚐的經驗中體驗並運用感官的功能,實際的品嚐、發現與操作,讓幼兒更樂於投入學校中的學習,我們欣喜的同時也期待下一步開放給幼兒的學習自主空間的時候到來。

這次我們再一次嘗試讓幼兒提出他們的想法，希望他們能在認識自己身體的基礎上，整理自己的學習經驗，站在這個基礎上決定自己未來希望能擁有什麼樣的經驗，但實際上我們擔心不知會發生什麼狀況，也擔心不知該怎麼拉住已經放出去的風箏線。過程中幼兒從天馬行空的思考到逐步的聚焦，有幼兒提出「醫院」的想法，也獲得其他幼兒的支持，在討論的過程中支持醫院的幼兒增多，最後「醫院」成為多數人的想法，我們也開始往建構一間醫院的方向前進。在往後醫院建構的過程中我們發現幼兒主動提供家中的資源來學校，在討論的過程中提出自己的經驗，分享到醫院看醫生的經驗，並將記憶中的流程與部門提出來與大家分享，但是我們也發現幼兒的經驗不同，一開始的討論發表集中都是某幾位幼兒，他們經驗豐富，也更能完整表達，有些幼兒雖有看醫生經驗卻是團討中靜默不發言的角色，討論似乎成為某些幼兒的時間，我們期望更多幼兒願意加入討論，也思考著接下來該如何引導幼兒進行醫院的建構活動。

在討論製作的過程中，我們發現幼兒雖然有看醫生的經驗，但對於各項物品的製作與準備的能力與經驗並不是很足夠，因此我們也在過程中加入更多的引導，並讓幼兒思考他們可以運用哪些資源。幼兒在討論中提到願意將家中的資源帶來分享並提供醫院使用，於是我們請幼兒回家與家長商量，再將可提供的資源帶來。一開始的人體醫院因為擁有醫生器具的幼兒有限，但當幼兒決定將醫院改為寵物醫院時，許多幼兒將家中的玩偶帶來練習包紮，並扮演小主人帶著他們的寵物到醫院看病。我們並未發通知單，但幼兒卻能記住這件事情，並且真的帶來他們的玩偶進行活動，幼兒對於醫院活動的投入與主動，也為我們這次的教學單元帶來最大的驚喜。

這次單元過後，家長也因為幼兒能享受學校的生活，並且每天愉快來園，而與學校教師建立初步的信任。單元過程中，家長也願意讓幼兒提供家中可用資源提供幼兒在學校進行活動所需，更是讓我們感受到家長的信任與肯定。在活動過後也有家長進一步與我們分享孩子更有自信於自己的工作，則讓我們更喜於幼兒除了學校之外的成長。

十五、教學資源

書籍資源

1. 自我與情緒

排名	書　　名	出　版　社
1	第一條魚	小魯
2	Frog is frightened	Andersen Press
3	Pip's Magic	Voyager Books
4	短耳兔	天下雜誌
5	從頭到腳系列	遠流
6	讓人生病的怪獸	飛寶

2. 家人

排名	書　　名	出　版　社
1	我爸爸	格林出版社
2	我媽媽	格林出版社
3	超級哥哥	國語日報
4	我的妹妹聽不見	遠流出版社
5	The trouble with ...	Egmont
6	爸爸的 33 種用處	格林出版社

3. 朋友

排名	書　　名	出　版　社
1	好朋友	上誼出版社
2	我和小凱絕交了	漢聲出版社
3	我有友情要出租	上堤出版社
4	最珍貴的寶貝	格林出版社
5	小男孩和大魚	三之三文化

4. 學校

排名	書　　　名	出　版　社
1	超人氣微笑	台灣麥克
2	古倫巴幼稚園	台灣麥克
3	我們的老師	青林國際
4	學校真好玩	狗狗出版社
5	David goes to school	Lectorum Pubns Inc

繪本怎麼教?

繪本創意與萌發

主題二

愛書人黃茉莉

一、書籍簡介

書　名：愛書人黃茉莉

作　者：莎拉‧史都華

譯　者：柯倩華

出版社：遠流出版事業股份有限公司

二、內容介紹

黃茉莉天生愛讀書，她從小就熱衷閱讀，也充分顯露讀書的才能。小時候，大家喜歡洋娃娃、溜冰鞋，她只喜歡讀書；不愛美食、不愛花衣裳，書本成了她生命中最重要的部分。長大後，大家約會、跳舞，她依然只喜歡讀書，生活的一切完全以書本為中心。黃茉莉喜歡讀書、喜歡書，她愛書勝過一切，隨時隨地都把握時間閱讀，並且收藏書。但是有一天，家裡再也容不下任何一本書了，愛書成痴的黃茉莉該怎麼辦呢？因為茉莉的奉獻、捐贈，把她的書全數捐出，傳遞了愛書人的聖火，造就了更多的愛書人。這是一本品味閱讀喜悅的書。

三、緣起

　　《愛書人黃茉莉》給了孩子一個學習的楷模。故事中茉莉的一生，以「書」為主軸，完全以「書」為重心，和生活緊密的結合，讓人在賞析過程中不禁莞爾且感動不已。作者和繪者文圖相呼應，鮮活的介紹這位可愛的女生，帶領孩子進入「書」的世界，品味體驗「閱讀」的樂趣，激發孩子對「人文」的感受及對「知識」汲取的渴望。盼望每個人都能成為「愛書人」，並樂於分享交流。

　　幼兒從初入學適應學校生活進而喜愛學校生活，開始享受新園地的樂趣，也沉浸在聽故事的愉悅中。「童書」發展多元教學活潑課程，啟迪幼兒多元智能探索學習為特色，引導鼓勵孩子愛書、親近書、習於閱讀和傾聽分享。因此規劃營造「處處有書香」、「隨手有書讀」的書香園地，建立快樂溫馨的智慧王國。在課程規劃時，特將「愛書人黃茉莉」定為童書單元，期待在深化討論及活動發展中，能豐盈孩子的心靈，並對「閱讀」產生熱情。

四、教學目標

一、認識紙張及書的種類與功能。

二、了解書的製作過程。

三、體認童書的樂趣及好處。

四、養成幼兒愛惜書籍的好習慣。

五、增進幼兒管理圖書的能力。

六、學習使用工具書。

七、培養閱讀的興趣。

八、發揮創意創作童書。

五、主題情境佈置

　　本情境佈置以幾次教學作品逐步完成。小恐龍背上的鱗甲，是以孩子的扇形小書拼組設計的。「我的小書」教學活動完成了「點」創意小書，放在下方透明展示袋中，供大家欣賞翻閱。「我們的立體書」教學活動中，幼兒分組完成六本「立體書」，各異其趣，以童趣童書創作加以可愛造型、活潑書架的開放式佈置情境，一舉兩得的佈置，創意十足。

　　「童書小作家」教學活動中，引導孩子分享最喜愛的繪本，再以「繪圖者」的身份去設計彩繪封面；書名部份則是以畫字的方式仿寫，每張作品都表現出童趣與天份。將幼兒故事書封面設計底下加珍珠板，增加其厚度感，再將作品陳列展示於牆面佈置上。幼兒更充滿自信，主動向其他同學介紹作品，孩子們彼此傳述想像書中的情節，豐盈書香情境。

六、教學前概念網

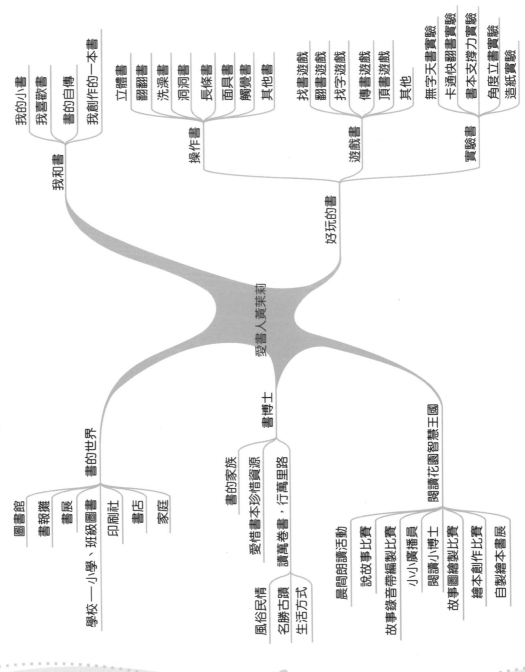

愛書人黃茉莉

好玩的書

- **我和書**
  - 我的小書
  - 我喜歡書
  - 書的自傳
  - 我創作的一本書
- **操作書**
  - 立體書
  - 翻翻書
  - 洗澡書
  - 洞洞書
  - 長條書
  - 面具書
  - 觸覺書
  - 其他書
- **遊戲書**
  - 找書遊戲
  - 翻書遊戲
  - 找字遊戲
  - 傳書遊戲
  - 頂書遊戲
  - 其他
- **實驗書**
  - 無字天書實驗
  - 卡通快翻書實驗
  - 書本支撐力實驗
  - 角度立書實驗
  - 造紙實驗

書的世界

- 圖書館
- 書報攤
- 書展
- 學校——小學、班級圖書
- 印刷社
- 書店
- 家庭

書博士

- **書的家族**
  - 愛惜書本珍惜資源
  - 讀萬卷書，行萬里路
  - 風俗民情
  - 名勝古讀
  - 生活方式
- **閱讀花園智慧王國**
  - 晨間朗讀活動
  - 說故事比賽
  - 故事錄音帶編製比賽
  - 小小廣播員
  - 閱讀小博士
  - 故事園繪製比賽
  - 繪本創作比賽
  - 自製繪本展

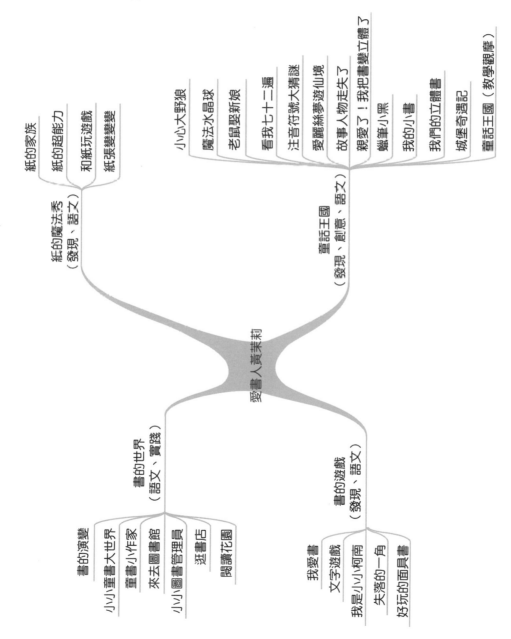

紙的家族
紙的超能力
和紙玩遊戲
紙張變變變

小心大野狼
魔法水晶球
老鼠娶新娘
看我七十二遍
注音符號大猜謎
愛麗絲夢遊仙境
故事人物走失了
親愛了！我把書變立體了
蠟筆小黑
我的小書
我們的立體書
城堡奇遇記
童話王國（教學觀摩）

紙的魔法秀
（發現、語文）

童話王國
（發現、創意、語文）

愛書人黃茉莉

書的演變
小小童書大世界
童書小作家
來去圖書館
小小圖書管理員
逛書店
閱讀花園

書的世界
（語文、實踐）

我愛書
文字遊戲
我是小小柯南
失落的一角
好玩的面具書

書的遊戲
（發現、語文）

2

愛書人黃茉莉

八、深化討論

 主題設問

主題繪本：愛書人黃茉莉

以「喜愛書」為架構

原因：為什麼黃茉莉有那麼那麼多的書呢？

經過：黃茉莉平常什麼時候會看書？

結果：書對黃茉莉有什麼影響？

延伸：小朋友，你喜歡看書嗎？為什麼？

延伸活動：書中自有黃金屋

（典故介紹～猜書名與配對）

以「圖書館」為架構

原因：為什麼黃茉莉有那麼多的書呢？

經過：黃茉莉用什麼方法把書借出去？

結果：1.黃茉莉借出的書如何要回來？

2.黃茉莉後來怎麼處理她很多的書？

延伸：1.你想看書時，可以在什麼地方找到書？

2.你去過圖書館嗎？感覺如何？

延伸活動：我的第一張借書證

（請家長帶幼兒辦一張借書證）

以「正確的讀書姿勢」為架構

原因：1.黃茉莉最喜歡做什麼事？

2.黃茉莉愛書的程度，你覺得如何？

經過：分別賞析書中圖片來討論

1.在雨中撐著傘，邊走路邊看書，會有什麼後果？要怎麼改正？

2.黃茉莉還在什麼地方用什麼方式看書？

結果：黃茉莉戴眼鏡的原因是什麼？

延伸：看書姿勢應如何才對身體最好？

延伸活動：生活教育（閱讀的好習慣）

以「　　　　　　」為架構

原因：1.

2.

經過：1.

2.

結果：1.

2.

延伸：1.

2.

延伸活動：

1.

2.

8-2 主題繪本活動實例

【認識愛書人黃茉莉】

∩ 講述「愛書人黃茉莉」

教學資源 繪本《愛書人黃茉莉》、書名卡、書、猜書圈名條、筆

教學過程

1. 繪本賞析《愛書人黃茉莉》。
2. 深化討論：
    (1) 為什麼黃茉莉有那麼多的書呢？
    (2) 黃茉莉平常什麼時候會看書？
    (3) 書對黃茉莉有什麼影響？
    (4) 這本書中，有什麼地方很有趣、很好玩、很好笑的呢？
    (5) 小朋友，你喜歡看書嗎？為什麼？
3. 老師解釋：「書中自有黃金屋」的意義。
4. 猜書名遊戲。
5. 書名配對遊戲。

∩ 書名配對

∩ 根據線索猜書名

評量
〈口頭評量〉會說出自己的想法。
〈觀察評量〉會參與討論。
〈操作評量〉會依書名卡找到正確的書。

∩ 深化討論時，幼兒發表熱絡

8-3 深化討論紀錄

T：為什麼黃茉莉有那麼那麼多的書呢？

S1：因為她喜歡看書，一本一本的看，她的錢都拿去買書，用光光了，所以書疊很多。

T：黃茉莉平常什麼時候會看書？

S1：睡覺的時候。

S2：打掃的時候。

S3：走路的時候，會撞牆。

S4：買東西的時候，老闆問她，跟她講話，她還在看書。

S5：運動的時候。

T：書對黃茉莉有什麼影響？

S1：變成很有學問的女人。

S2：成為很聰明的人，不會像書呆子。

S3：變成很愛看書的女人。

S4：很棒！很懂事。

S5：黃茉莉變得很美麗、很好、會讓人家開心。

S6：她把書全部捐出去，很大方。

S7：她很善良、很溫柔、很漂亮。

T：這本書中，有什麼地方很有趣、很好玩、很好笑的呢？

S1：貓咪也在看書。

S2：黃茉莉一邊拖地，一邊看書，撞到牆很好笑。

S3：運動倒立也在看書，很好笑。

T：小朋友，你喜歡看書嗎？　　S（全體）：喜歡。

T：為什麼喜歡看書？

S1：看書會讓人變聰明，而且長大當爸爸媽媽的時候，就會很聰明，不會笨笨的。

S2：看書可以學到很多的東西、很多知識。

S3：看書可以讓自己有學問。

S4：有的書很好笑、很有趣、很刺激。圖片很美麗。

S5：可以講故事給爸爸媽媽聽。

S6：常看書就會知道很多故事，等有機會，就可以講故事給大家聽。

S7：變很聰明，當小小廣播員的時候就可以分享，講給小朋友聽。

九、活動單元

【紙的家族 & 紙的超能力】

教學資源 神秘袋數個、各種紙、報紙、圖畫紙、牛皮紙、衛生紙、橡皮擦、彩色筆、自製吸水力實驗的架子、學習單

○ 認識各式各樣的紙

教學過程

1. 準備數個神秘袋，一個袋中放一種紙，讓幼兒摸摸看並分享觸覺經驗。
2. 找出相同的紙，最後說出紙的名稱。
3. 展示各種紙張，藉以認識各種紙的名稱，並討論在哪裡會看到這些紙？
4. 探討各種紙類的用途。
5. 老師講述自編的故事：「報紙哥哥、圖畫紙小姐、牛皮紙爺爺、衛生紙妹妹各說自己很特別、很厲害的專長，並展開一場比賽，比比看，誰是「大力士」（支撐力實驗）、「吸水王」（吸水力實驗）」。
6. 老師邊說邊做實驗，之後幼兒分組實際操作支撐力實驗──分別將各種紙放上架上，試試哪種紙支撐力最佳，可撐住不掉落。吸水力實驗──試將每種紙黏在吸水力實驗盤架上，注入色水，比較看哪種紙吸的水最高最多，吸水力最強。
7. 總結觀察結果，分析哪一種紙支撐力最強？哪一種紙吸水最快？
8. 學習單：「各式各樣的紙」一、二。

○ 自製吸水力實驗盤架

○ 試試各種紙的支撐力

生成概念 不同紙有不同的吸水性與支撐力。

評量
〈口頭評量〉1.會分享自己的操作經驗。
　　　　　　2.會說出三種紙質的名稱。
〈觀察評量〉會正確操作實驗。
〈操作評量〉會獨立完成學習單。

愛書人黃茉莉

2

【紙張變變變】

教學資源 衛生紙、色紙、剪刀、色紙、色卡紙、學習單、色紙、剪刀

教學過程

1. 老師表演魔術「把衛生紙變小了」，以引起幼兒的興趣與專注力。

2. 摺紙活動：大門→房屋→鋼琴→小雞。正方形→菱形→正方形→菱形→青蛙→衣服→褲子→相機。

⌖ 老師用衛生紙變魔術

3. 剪窗花。

4. 立體卡片製作。

5. 紙的魔術秀：(1) 變好長；(2) 變好多圈圈。

6. 水上紙花：摺好星型花苞置入水盤中，觀察紙花遇水後開花的變化。

7. 學習單：紙張變變變。

   (1) 找一張紙張摺一個東西。

   (2) 不同的紙剪出幾個圖形 △、○、□、◇。

8. 集體創作：紙張變變變。

評量
〈觀察評量〉能與他人合作共同創作。
〈操作評量〉1.會摺簡易造型色紙。
2.會剪出窗花及三種圖形。

⌖ 看！我把紙變長了

⌖ 瞧！紙花開花囉！

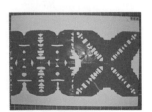

⌖ 窗花真美麗

【書的演變】

教學資源 各種書的圖片或實物

教學過程

1. 分別拿出一本精裝書和一本平裝書，比較此兩類書之異同。
2. 展示下列各種書的圖片或實物，並說明書的演變史。
   (1) 牆壁、樹皮、樹葉、甲殼、骨頭、銅器、陶器
   (2) 帛書：貴
   (3) 竹簡：汗青、重、易斷
   (4) 紙的發明：漢蔡倫造紙
   (5) 印刷術：印章、搨碑
   (6) 宋畢昇活字印刷
   (7) 卷軸：長、不好查看
   (8) 葉子：不黏會亂飛
   (9) 經摺裝：散、裂開
   (10) 蝴蝶裝：廣告
   (11) 包背裝：難黏
   (12) 線裝：線會斷
   (13) 平精裝
3. 比較以上各種款式書的優缺點。
4. 請幼兒排出書的演變順序。
5. 請幼兒想像各種款式書分別像哪些生活物品。
6. 學習單：書的演變。

↑ 體驗點字書的感覺

↑ 探索及分享特別的書

↑ 觀察卷軸有何缺點

↑ 實際討論觸摸板模

生成概念 1.書的演變。2.書有不同款式。

評量
〈口頭評量〉1.會說出三種款式書的優缺點。
2.會說出每種款式書像什麼生活物品。
〈操作評量〉會排出各種款式書的演變過程之順序。

【來去圖書館】

教學資源 繪本、「樂樂圖書館規定」公約、長條狀彩色西卡紙三十張

教學過程

1. 繪本賞析：來去圖書館（愛智）。
2. 參觀小學圖書館。
3. 團體討論：
   (1) 館區環境介紹。
   (2) 圖書館的功能。
   (3) 書的種類。
   (4) 書籍的分類方法。
   (5) 圖書館應遵守的規則。
   (6) 圖書館借書程序。
   (7) 圖書閱讀及歸還。
4. 從繪本《來去圖書館》
   →提到的各式各樣的圖書館
   →到參觀小學圖書館→到幼稚園圖書室閱讀
   →延伸到樂樂圖書館（班級圖書）。
5. 依「樂樂圖書館規定」，練習借書、歸放書。
6. 請幼兒設計個人專屬書插，並加強指導書插的使用方法。
7. 選出每日兩名圖書管理員，整理班級圖書。

⬆ 大家一起來整理圖書　⬆ 製作個人專屬書插

⬆ 這是我的專屬書插　⬆ 我是小小圖書管理員

延伸活動

1. 班級借書活動。
2. 兒歌：圖書館。
3. 學習單：來去圖書館。

評量
〈口頭評量〉會確實說出到圖書館應遵守的規定。
〈觀察評量〉學會書插的使用方法。
〈操作評量〉會設計出個人專屬書插。

【閱讀花園】

教學資源 廣播系統、CD、閱讀心靈分享單、故事圖畫、自製童書、福星書展

↑ 小小廣播員播報新聞

教學過程

1. 安排「午間空中花園」時間，於午睡時設定音樂，固定播放：
   週一小小廣播員時間、單元故事
   週二單元繪本故事時間
   週三單元故事時間
   週四小小廣播員時間、單元故事
   週五英文故事時間、成語故事

2. 「閱讀心靈分享單」投稿，選出「閱讀小博士」。

3. 每月一次「小小說書人」時間，各班派代表上台說故事。

↑ 戲劇演出「晚安！猩猩」

4. 舉辦「故事圖繪製比賽」。

5. 舉辦「童書製作比賽」。

延伸活動

1. 繪本改編戲劇演出：
   (1) 有誰看到我的書？
   (2) 晚安！猩猩！

2. 舉辦「福星書展」，展示創作書、推薦圖書。

3. 請父母帶幼兒到書店買一本書及一樣文具，到學校分享經驗。

↑ 在書展中如獲至寶

評量
〈口頭評量〉能勇於擔任小小廣播員。
〈觀察評量〉會安靜收聽廣播。
〈操作評量〉1. 會發揮潛能參加「小小說書人」、「故事圖繪製比賽」、「童書製作」活動。
　　　　　　2. 會踴躍投稿「閱讀心靈分享單」。

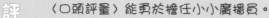

愛書人黃茉莉

【我愛書】

教學資源 童書、書本、票箱、選票、筆、頭套、音樂

教學過程

1. 繪本欣賞:我愛書。

2. 發表自己所發明的書遊戲。

↻ 看誰頂書平衡最厲害

3. 和書玩遊戲:

   (1) 頂書遊戲:頭頂一書,行列行走。

   (2) 找書遊戲:在秩序中,找出指定書為勝。

   (3) 翻書遊戲:共有相同的書,提示第幾課、內容或圖案讓幼生去翻找。

   (4) 傳書遊戲:依序傳書,傳到終點該隊獲勝。

   (5) 猜書遊戲:陳列八至十本圖書,依提示內容猜出正確書本。

4. 票選愛書活動。

5. 扮演遊戲:挑選孩子深愛、喜愛、熟悉的故事引導孩子扮演。

6. 學習單:認識「書」和書的質材。

評量
〈口頭評量〉1.能說出自己喜歡的一本書。
　　　　　　2.能發表自己所發明的遊戲。
〈觀察評量〉1.能快樂地參與書的遊戲。
　　　　　　2.能和同儕合作互動。
〈操作評量〉1.能圈選出最喜歡的一本書。
　　　　　　2.能依指令找出書的正確位置。
　　　　　　3.能依線索指出正確圖書。

↻ 翻找書中寶

↻ 分享我最喜愛的書

↻ 演出書中的故事

【文字遊戲】

教學資源 字卡、放大鏡、學習單、剪刀、報紙、水彩或
色筆、字卡、圖卡、象形文字卡

○ 圈出正確的字

教學過程

1. 玩抽字猜字遊戲。
2. 進行「圈字遊戲」：以放大鏡尋找學習單上大小不一、
   字形相近的正確文字，如：書、書、畫等字中找出「書」字，並圈起來。
3. 進行「剪字遊戲」：在報紙中找出認識的字，並黏貼在框欄中。
4. 進行「塗字遊戲」：以水彩或色筆將空心字形塗繪填滿，並認識該字。
5. 進行「猜字遊戲」：
   (1) 猜一猜圖示所代表的正確文字。
   (2) 猜一猜象形文字的正確文字。

生成概念 中國字的趣味性。

○ 剪貼報紙中認識的字

延伸活動

1. 展示上述作品。
2. 以肢體表現字體遊戲。
3. 學習單：文字遊戲。

評量
〈口頭評量〉能猜出正確文字。
〈觀察評量〉能找出正確的國字。
〈操作評量〉能剪貼十個國字。

○ 以肢體表現注音符號

○ 塗字遊戲真有趣

○ 猜一猜象形文字

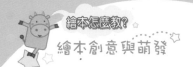

【我是小小柯南】

教學資源 幼兒所創作的立體書、圖卡約十組

教學過程

1. 讓幼兒發表之前所做的立體書。

2. 進行「圖卡排排看」遊戲：

   (1) 準備每組三張有順序性的圖卡。

   (2) 全班幼兒一起排出圖卡的順序。

   (3) 全班分成七組，一組四人，每組輪流練習共同排出圖卡的順序。

   (4) 全班分成兩組，每次推一名代表競賽，贏的得到獎勵。

3. 討論「生活中的順序」：

   (1) 舉例生活中有前後順序發生的事，例如：先吃飯再刷牙再睡覺。

   (2) 請幼兒也能舉出類似的例子。

4. 學習單：小小漫畫家。

生成概念 事情發生有前後順序。

↻ 分享小組共同創作的故事

↻ 說明故事圖卡的排序

↻ 輪流說明圖卡排序的緣由

評量

〈口頭評量〉1.能看圖說故事，並延續前一位幼兒說的故事內容。

2.能依故事圖卡接續前一位幼兒的故事。

〈觀察評量〉能明暸圖卡依序排列的緣由。

〈操作評量〉能正確排出圖卡的順序。

【小心大野狼】

教學資源 音響、CD、頭套

教學過程

1. 律動歌曲教唱：
   (1) 大野狼與七隻小羊
   (2) 虎姑婆
2. 講述「小紅帽」及「大野狼與七隻小羊」的故事。
3. 戲劇扮演：大野狼與七隻小羊。
4. 團體討論：
   (1) 提防怪叔叔。
   (2) 提防「大野狼」，保護自己。
5. 戲劇遊戲：大野狼與七隻小羊（捉迷藏）。

○ 講述小紅帽故事

○ 扮演大野狼和七隻小羊

延伸活動

1. 體能遊戲：大野狼。
2. 學習單：保護自己的身體。

評量
〈口頭評量〉能回答保護自身安全的方法（至少一種）。
〈觀察評量〉能保護自身的安全。
〈操作評量〉能完成學習單。

○ 大野狼和小羊比力氣

○ 大野狼出現了

○ 體能遊戲：大野狼

愛書人黃茉莉

【老鼠娶新娘】

教學資源 繪本、頭套、畫筆、圖畫紙、數位相機、裝扮道具、花轎、喜幛、婚紗照創作、國父紀念館廣場

○ 我們要演老鼠娶親

教學過程

1. 繪本賞析：《老鼠娶新娘》（世一）。
2. 戲劇扮演：老鼠嫁女兒。
3. 繪畫：小星和阿福結婚。
4. 作品分享。
5. 拍攝單元照：以花轎、喜幛為背景，幼兒打扮成新郎、新娘拍照。
6. 工作：師生合作製作喜幛及母舅聯。
7. 娶新娘遊行練習與觀賞。

○ 這是我們的婚紗照

延伸活動

1. 婚紗照創作：將幼兒繪畫作品集裝成「小星和阿福」婚紗照。
2. 參加「95 年公私立幼稚園親子創意 DIY 主題造型秀」，參與攤位——「老鼠娶新娘」。

評量 〈觀察評量〉會熱烈參與戲劇扮演。
〈操作評量〉會完成繪畫作品。

○ 迎親隊伍出發囉！

○ 看我們登不登對啊？

○ 親子創意 DIY 主題造型秀

【看我七十二變】

教學資源 童書、蠟筆、圖畫紙《看我 72 變》I、II 集

教學過程

1. 童書賞析：頭腦體操變變變（喬福圖書）。

2. 解析本童書之特色。

❂ 猜猜看內頁變成什麼了

3. 猜謎遊戲：猜一猜翻頁後變成什麼。

4. 蠟筆繪畫技法指導：

　　(1) 握筆複習。

　　(2) 混色配色。

　　(3) 打稿與描廓。

5. 繪畫：仿照本書特色作畫。

❂ 猜猜看獨角仙會變什麼　　❂ 猜猜這星球會變成什麼

生成概念 混色與配色。混色是技能，配色是藝術。

延伸活動

1. 猜謎活動——屬性提問猜謎：

　　(1) 一位幼兒展示畫作外觀，並說出外觀所畫主題。

　　(2) 其他幼兒以屬性發問，如「是可以吃的嗎？」、

❂ YA！我們的書完成了

　　　「是四隻腳的動物嗎？」…展示的幼兒只回答：

　　　「是」或「不是」，大家依所問所答，推理歸納、猜一猜畫作內頁變變變，

　　　變成什麼了？

2. 童書創作：將幼兒作品彙編成「魔法故事系列」童書《看我 72 變》I、II 集。

評量

〈口頭評量〉能依物品之屬性來提問。

〈觀察評量〉能勇於接受提問。

〈操作評量〉1.會用蠟筆發揮混色配色之技法。

　　　　　　2.能依圖翻頁延伸繪畫創作。

愛書人黃茉莉

【注音符號大猜謎】

教學資源 注音式的小老師姓名牌、注音符號卡、注音符號創意圖卡、圖畫紙、彩色筆、「注音符號聯想畫」作品、童書創作《注音符號大猜謎》

♪ 我們來練習唸注音

教學過程

1. 小老師國字姓名牌換成注音姓名牌。
2. 每天以拼音方式呼叫小老師。
3. 複習注音符號。
4. 唸唱注音兒歌。
5. 歌曲教唱:(1) 聲符歌、(2) 韻母寶寶。
6. 繪畫:注音符號聯想畫。

♪ 我的ㄩ標不標準啊?

延伸活動

1. 兒歌創作:以「注音符號聯想畫」創作兒歌。
2. 童書創作:幼兒「注音符號聯想畫」之作品彙編成「魔法故事系列」童書《注音符號大猜謎》。

評量
〈口頭評量〉1.會拼音(以注音拼出同學姓名)。
　　　　　 2.會唸注音符號。
〈觀察評量〉會唱注音符號歌謠。
〈操作評量〉會用注音符號做創意聯想畫。

♪ 分享注音符號聯想畫

♪ 大家來唸注音兒歌

♪ 我也要來看這本創作書

【故事人物走丟了】

教學資源 繪本《我討厭書》PPT、《童話故事迷路了》
PPT、童話故事的圖卡、十本以上的故事書、
《童話故事回家了》的PPT

教學過程

1. 繪本賞析：我討厭書。

2. 瞬間記憶遊戲：
    (1) 利用《童話故事迷路了》的PPT快速播放許多童話
       故事的圖片。
    (2) 問幼兒看到了哪些故事，一名幼兒只能說一個故事
       名稱。

3. 童話故事回家了：
    (1) 發給每位幼兒一張童話故事的圖卡，請幼兒幫手上
       的圖卡找到他的故事書。
    (2) 在每個故事圖卡都回到自己的故事書後，再由老師
       利用《童話故事回家了》的 PPT 公佈正確答案。
    (3) 老師說每個童話故事的大意。

4. 眼明手快遊戲：
    (1) 將班上幼兒分成三組玩「故事圖卡配對」的遊戲。
    (2) 一次一組派出一名代表，共三名代表，比賽誰最先將手中的故事圖卡配對成
       功。

5. 學習單：童話故事裡的主角。

引起動機：我討厭書

比賽誰先配對成功

將圖卡和書本配對

愛書人黃茉莉

評量	〈口頭評量〉1.能說出為什麼是這樣配對。
	2.能說出所記得的童話故事。
	〈觀察評量〉1.能遵守遊戲規則。
	2.能仔細觀看電腦中的圖片。
	〈操作評量〉能迅速將故事圖卡放到正確的地方。

【蠟筆小黑】

教學資源 繪本、十二色蠟筆、圖畫紙、蠟筆、髮夾、原子筆、草稿紙、《小黑詩集》、書展

教學過程

1. 繪本賞析：蠟筆小黑（經典傳訊）。
2. 認識蠟筆基本十二色。
3. 在教室中找出指定的顏色。
4. 繪畫——刮畫：
   (1) 用力在圖畫紙上塗上各種鮮艷的顏色。
   (2) 再塗上厚厚的黑色。
   (3) 用髮夾刮出圖案。
5. 童詩創作：依所畫的刮畫編創童詩或故事。

延伸活動

1. 創作「小黑詩集」：老師依幼兒所表達之刮畫意境及童詩創作打成文字稿，連同刮畫作品彙編成《小黑詩集》。
2. 作品分享。
3. 書展：配合全園活動，將《小黑詩集》於「福星書展」之童書創作區中展覽。

⬆ 我找到黃色的長頸鹿

⬆ 引導童詩創作

⬆ 童詩彙編於《小黑詩集》

評量
〈口頭評量〉能依刮畫內容編創童詩。
〈觀察評量〉1.能辨別蠟筆基本十二種顏色。
　　　　　　2.能與人分享自己的作品。
〈操作評量〉能完成刮畫創作。

【我們的立體書】

教學資源 農家圖片立體書、四開西卡紙十五張

↻ 看圖說故事

教學過程

1. 讓幼兒看圖說故事，最後由老師將幼兒說的故事做統整。
2. 創作屬於我們的立體書：
   (1) 全班討論自製立體書的主題。
   (2) 選出七個主題，再依幼兒的興趣分組，四個人一組。
   (3) 老師分別帶領一至二組幼兒討論每位幼兒所負責畫的部分（封面、內頁、封底⋯⋯）。
   (4) 每位幼兒負責畫一張兩面的書。
   (5) 畫完後，小組共同討論整個故事的內容，由老師幫忙寫出內容。
   (6) 每組推派一名代表上台說故事。

↻ 統整串連幼兒所說的故事

延伸活動

1. 推理遊戲：故事圖卡排序。
2. 語文遊戲：故事接龍。

評量

〈口頭評量〉能看圖說故事，並延續前一位幼兒說的故事內容。

〈觀察評量〉1.能完成自己所應負責的部分。
　　　　　　2.能四人分工合作完成一本書。

〈操作評量〉能畫出與主題相關的圖像。

↻ 一起討論、分工合作完成立體書

↻ 耐人尋味的童趣創作

【城堡奇遇記】

教學資源 亮光色紙（背面畫出各式線條）、剪刀、圖畫紙、膠水、色筆、作品照片 PPT、電腦、投影機、《城堡歷險記》、書展

○ 先依線條剪下長條色紙

教學過程

1. 秀出亮光色紙。
2. 翻到背面，探討各種線條像什麼？如：
   vvvvvvv ⌇⌇⌇⌇
3. 創意拼貼：
   (1) 依背面線條，將色紙剪成六條不規則長條紙。
   (2) 用長條色紙做創意拼貼。
4. 看圖說故事：敘說「創意拼貼」內容，老師將內容寫在圖畫紙背面，並另打成文字稿。

○ 大家都很認真創作哦！

延伸活動

1. 童書創作：
   (1) 老師將作品拍成照片。
   (2) PPT 播放作品照片。
   (3) 介紹每張故事內容。
   (4) 討論如何貫穿成完整故事並為書命名。

○ 彙集大家的創作編成一本書

○ 作品分享

   (5) 依討論結果製作成童書《城堡奇遇記》。
2. 將書置於「福星書展」中展出。

評量
〈口頭評量〉能敘說自己的創作內容。
〈觀察評量〉能參與討論。
〈操作評量〉1. 能完成色紙拼貼創作。
　　　　　　2. 能依線條剪開色紙。

十、學習單

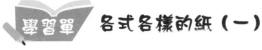

各式各樣的紙（一）

一、請小朋友收集各種的紙，剪一小塊貼在框中。

2

覺書人黃茉莉

二、哪一種紙的「支撐力」最強呢？請小朋友幫他們排出名次（1～4）：

衛生紙	圖畫紙	牛皮紙	報紙

三、哪一種紙的「吸水特性」最厲害呢？請小朋友幫他們排出名次（1～4）。

衛生紙	圖畫紙	牛皮紙	報紙

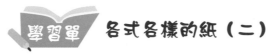

學習單　**各式各樣的紙（二）**

我們認識許多種紙張，請你把它貼在下面格子中。

1 報紙	2 衛生紙	3 玻璃紙
自·由·時·報		
4 彩色棉紙	5 影印紙	6 瓦楞紙
	96年4月上拍攝計畫特與配合，	
7 牛皮紙	8 白報紙	9 砂紙
10 書面紙	11 西卡紙	12 皺紋紙
13 包裝紙	14 圖畫紙	15 雲彩紙

 **書的演變**

一、請依照先後次序從 1 排到 7，將書演變的順序填寫在下列空格中。

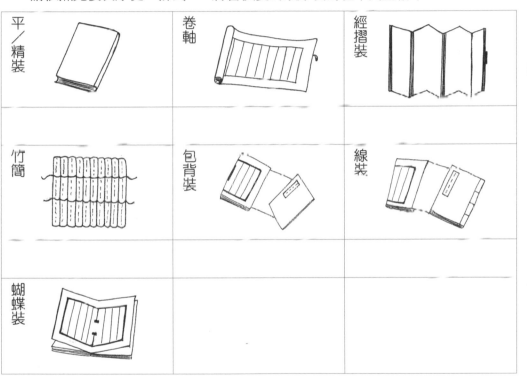

二、發揮想像力，畫出你希望未來的書變成什麼樣子（請塗上顏色）。

 小小漫畫家

　　依事情發生的先後順序畫出一個四格漫畫，自由創作不設定題目，可以畫假日發生的事或喜歡的事物，最重要的是事情發生的順序。

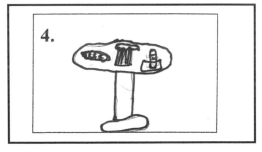

並把這個漫畫內容寫下來：

1. 星期天，爸爸帶我去淡水玩

2. 我們租了兩輛自行車

3. 按照旅遊路線，騎著自行車遊淡水

4. 中午還吃了一桌好菜，開心極了

 **童話故事裡的主角**

你知道這些童話故事的名稱和內容嗎？請爸媽說這些故事給你聽，並請你幫它連連看，也可以用色鉛筆為主角們塗上漂亮的顏色。

小飛俠	小人國歷險記	穿長統靴的貓	國王的驢耳朵

睡美人	姆指姑娘	灰姑娘	賣火柴的小女孩

 認識「書」和書的質材

一、請唸出這個字，並為它塗上漂亮的顏色。

二、書可以用不同的紙張及材質表現不同的效果，請你尋找及搜集不同的紙張或材料，並剪下一張（塊），貼在下方欄內和我們分享（例如：圖畫紙、報紙、廣告紙、塑膠袋、透明膠片、布料……等）。

 **童話王國**

一、你知道這些東西是屬於那些故事裡的嗎？請連連看。

二、畫出你最喜歡的一個童話故事。

學習單　大家一起來拼圖

一、咦？圖怎麼都缺一角，是少了哪一塊呢？請小朋友幫忙找出來，填入正確號碼：

1	2	3	4	5

二、圖只畫了一半，請小朋友幫忙畫好：

 **來去圖書館**

班級：_____ 姓名：_____

書名：來去圖書館　文：茉麗・康明絲　圖：蘿克西・孟若

譯者：周靈芝　出版社：遠流出版公司

一、「來去圖書館」中介紹了各式各樣的圖書館，你還去過哪些特別的圖書館呢？
　　請你畫出來，如沒有也請畫出你心目中的圖書館（請塗上顏色）。

二、請畫出你覺得最重要的一項圖書規定（請塗上顏色）。

愛書人賣茉莉

081

、學習單　文字遊戲

班級：_____　姓名：_____

一、請小朋友找一找家中的報章雜誌，把「我」字剪下來並貼在框內。我們來比賽，
　　看誰找得最多。

二、請小朋友找出「書」字，並把它圈起來。

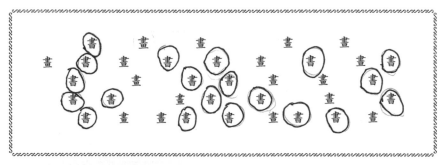

三、請小朋友用彩色筆把空心字塗上顏色。

十一、你還可以這樣教

活動一：有聲書

老師播放課前錄製好的「有聲書」——《小地鼠》，讓幼兒欣賞聆聽，並分享其他幼兒的故事錄音帶，然後分組輪流練習說故事，並決定回家請爸媽幫忙錄製一卷屬於自己的「有聲書」帶到學校分享。

🔊 討論如何出版有聲書

活動二：書的家

🔊 愛書、讀書、收拾書

由班級圖書角閱讀活動引發幼兒討論：「書的家在哪裡？」「在哪裡可以找到書？」有位幼兒分享媽媽帶他上圖書館的經驗，因此展開參觀學校圖書館活動，除了參觀館內書籍的陳列與分類，也和孩子們說明使用圖書館的注意事項。

活動三：我們這一班

老師請幼兒帶一本自己最喜歡的圖書書到學校分享，並介紹書的作者，幼兒立即問道：「那我們可不可以也來做一本書？」經過討論後，決定每個人先畫一張「自畫像」，再請爸媽幫忙寫下「心目中的我」最後彙整成《我們這一班》，封面封底也是由全班幼兒一起創作的唷！

🔊 幼兒共同創作

活動四：愛書小天使

🔊 練習把書送回家

晨間閱讀時幼兒發現有一本圖畫書破損了，老師和孩子們一起修補。並找尋書本破損的原因，引發幼兒討論「如何愛書？」「如何正確使用圖書」，最後進行「把書送回家」遊戲，培養孩子物歸原處的好習慣。

活動五：三隻山羊嘎啦嘎啦

在欣賞完《三隻山羊嘎啦嘎啦》繪本動畫之後，小朋友模仿山羊進行體能活動，運用長繩玩「勇闖怪獸山」的遊戲。並挑戰「獨木橋」、「跨越小樹」、「怪獸追小羊」的層層關卡，最後「攻頂」成功，孩子們直呼過癮，樂在其中。

🔊 體能活動真好玩

⬆ 我們在貼玻璃紙

活動六：跳舞娃娃

認識玻璃紙，並發下紅藍兩色玻璃紙，觀察身邊的色彩變化，然後將紅藍兩色的玻璃紙貼在紙框裡。在另一張卡紙用紅色筆和藍色筆畫出娃娃不同的動作，上覆玻璃紙紙框，藉由分別透過藍紅的玻璃紙觀察娃娃動作，因同色色彩掩蓋的效果，使娃娃在紙上跳舞。

活動七：心形手工書

欣賞立體繪本《汪汪來旺》（艾閣萌），討論除了書籍書名和內容外，編書的人還要在書裡放什麼東西？什麼是作者（譯者、繪者）、出版社、版權頁？怎麼知道這本書賣多少錢？請幼兒觀察心形手工書如何做出來，和幼兒討論書籍內容（我自己和我的朋友）並製作。

⬆ 想想看我還要畫什麼

⬆ 我把紙小孩帶回家

活動八：紙王國

自編故事「紙王國」，紙王國的紙小孩都迷路了，請小朋友當小小偵探，幫忙找到每一家的紙小孩。介紹各種紙的特徵及名稱，讓幼兒觀察及觸摸，並將手中的紙小孩貼回他的家。

活動九：魔術天書

展示白紙與有字之書，讓小朋友發表不同之處做酸鹼實驗：將（紫色高麗菜汁＋糖、紫色高麗菜汁＋鹽、紫色高麗菜汁＋蘇打粉、紫色高麗菜汁＋檸檬汁）分別畫在紙上，讓幼兒觀察變色的狀況，然後製作魔術天書。

⬆ 我來試試是不是真的會變色！

⬆ 我畫的人也變長了

活動十：啊！我的腳變長了

講述繪本《啊！我的腳變長了！》（信誼）後，討論哪些書是有拉長效果的呢？可以用什麼方式製作像腳變長的效果呢？討論完後製作摺疊手工書及封面。

活動十一：尋書大考驗

透過繪本《有誰看到我的書》賞析，引發幼兒尋找書籍的動機，藉由體能活動、配對遊戲，建立圖書分類的概念，為增加尋書趣味性，我們以數字球抽籤方式決定尋找的書目，進行尋書大考驗的挑戰活動。

⋒ 尋書大挑戰～成功！

活動十二：小小閱讀家

⋒ 我們的推薦書很特別！

班上進行「小小閱讀家」推薦書活動，每週由幼兒推薦一本書籍，分享繪本內容與推薦原因，推薦書可自行借閱，閱後之心得，可用閱讀書單記錄；為鼓勵主動閱讀，教師設計圖畫書貼紙，讓幼兒貼在小小閱讀家集點卡上，同時增加閱讀樂趣。

活動十三：我們的圖書館

透過繪本《胡安娜的圖書館》賞析活動，帶領幼兒走訪校內及西門智慧圖書館，引發幼兒建立一座屬於自己的圖書館的想法；幼兒討論出一系列建構圖書館的工作項目，再將募集的書籍做分類，完成各項工作後，舉辦了一場別開生面的開幕茶會。

⋒ 我們的圖書館開幕囉！

活動十四：紙來說故事

⋒ 這是我們自己的故事書

幼兒透過「發現紙」活動，蒐集到各種不同材質的紙張，「這些紙張可以做些什麼呢？」引發幼兒熱烈討論，於是有了用「紙來說故事」的動機，最後各組自行挑選紙張，創作出屬於自己的圖畫書並進行發表活動。

活動十五：造紙 DIY

教師以戲劇呈現蔡倫造紙的故事，幼兒發表各種造紙方法，進而決定動手做再生紙，開啟一系列造紙活動。由蒐集廢紙、撕紙浸泡、紙漿製造，最後用篩網完成造紙程序，並透過其他素材點綴美化，成了一件獨特的作品。

⋒ 我們的紙漿打好囉！

↷ 紙的力量真大

活動十六： 紙張力量大

　　幼兒 S3 在假日期間閱讀並來學校分享提到：將衛生紙捲起來可以抬起一位小朋友；所以老師藉此進行紙張力量大的活動，藉由實際的體驗讓幼兒感受紙張集合起來的力量。

活動十七：動動嘴小書

　　幼兒閱讀、認識書後，在班級中讓幼兒嘗試書籍的創作。最初，從幼兒體驗紙張變化與認識紙藝大師洪新富開始，再讓幼兒嘗試運用紙與剪刀變化出的立體卡片，發揮自己的創意，並將大家的作品集體創作完成一本故事書《誰來幫我吃苦瓜》。

↷ 大嘴汪汪汪

↷ 啊～好恐怖喔！

活動十八：冒險小書

　　教室中的理科書籍吸引幼兒的目光，每每看到幼兒用書籍中所附的紙手電筒在黑暗中尋找，因此從《好恐怖》的繪本開始，帶領幼兒感受黑夜，從黑光發現夜晚的驚喜，進而創作屬於幼兒的黑夜探險書。

活動十九：猜謎大書

　　在幼兒嘗試創作故事後，教師從主角跑錯故事開端，來瞭解幼兒對於故事中出現的角色或物品的感受有多深。幼兒嘗試以小組的方式創作，小組先選擇好主題故事，進行集體的創作製作完成班級的猜謎書。

↷ 猜一猜

活動二十：故事結局創作

　　故事的結局為故事帶來驚喜。《請問一下，踩得到底嗎？》故事的最後留下了一個問號，究竟小老鼠會遭遇到什麼樣的情況呢？幼兒發揮想像力與生活經驗的創作，也為故事的最後帶來許多不同的驚喜喔！

↷ 好朋友來幫忙

十二、多元統整

　　以「童話故事」、「音樂劇」、「互動遊戲」的內容、方式及埋念設計貫穿整個活動，帶領孩子愛看書、親近書及感受閱讀的樂趣。

　　首先以「有誰看到我的書嗎？」帶領全園一起去追蹤「書」的去處並猜出正確的書名。孩子在愉悅的音樂及互動中，融會片段情節聚焦成一個故事的雛形，而能正確選出書名並參加「徵答活動」。

　　改編《晚安！猩猩！》（信誼）繪本，編導一部極趣味及遊樂其中的音樂劇。劇中動物園的動物，化身為從書中走出的寂寞動物，在小嬰兒聆聽故事恬靜入夢的情節安排中，動物們重返書本。在「分站遊戲」中，也以道具、教具為設計重點，意欲幼兒在操作中體認電影的原理及童話故事的雋永、美好及深意。

【童話王國】

教學資源

1. 情境佈置：以《傑克與魔豆》、《醜小鴨》、《國王的新衣》的主角為景。
2. 道具：抽籤箱、票券、頭套（猴子、長頸鹿、綿羊、獅子、老虎）。
3. 相關繪本：卡通漫畫快翻書。
4. 其他：(1)廣播系統、音響、童話故事 CD、配樂 CD、劇本、學習單；(2)書展──各班創作之童書、各式書、分區吊牌、童書類別牌；(3)分站遊戲──拼圖、小幻燈片窺探機、戲偶、小戲臺、圖片 PPT。

教學過程

1. 引起動機：
   (1) 準備活動：活動進行期間，每天中午於「午間聆聽花園」播放經典童話故事。
   (2) 歌曲：國王的新衣、小魔鏡、小麻雀。
2. 發展活動：
   (1) 戲劇遊戲：有誰看到我的書？
   (2) 介紹「猜書名」有獎徵答活動。
   (3) 小小童書大大世界：透過PPT，邀請大家一起進入

🎧 我的書終於找到了

童話世界。

(4) 戲劇扮演：晚安！猩猩！

① 動物一一自我介紹，並說明自己來自那本書的主角及到動物園的原因。

② 戲劇扮演遊戲。

③ 動物們重返故事書中。

有獎徵答恭喜小朋友被抽中

我們陪小嬰兒聽故事

3. 綜合活動：

(1) 律動遊戲：愛的撲滿、小魔鏡。

(2) 學習單：童話世界。

(3) 「猜書名」有獎徵答活動。

4. 延伸活動：

(1) 分站遊戲：

① 小紅帽拼圖樂（將小紅帽拼圖完成即算過關）。

② 帶童話主角回家（將童話主角圖卡送回書中）。

③ 窺探童話世界（窺探小幻燈片機中的童話世界）。

④ 手偶戲開鑼囉！（用手偶來演戲）。

⑤ 奇妙的卡通漫畫快翻書（快速翻閱連續卡通漫畫圖發現動畫驚奇）。

(2) 福星書展：

① 童書創作區：以幼兒創作之童書為展覽主題。

② 好玩圖書區：以操作性、立體式、趣味性的童書為主。

③ 優良讀物推薦區：以全園老師推薦之優良圖書為主。

手偶戲開鑼囉！

所有動物登場囉！

奇妙的卡通漫畫快翻書

參觀創作書展

評量

〈口頭評量〉能依圖所示猜出童話出處。

〈觀察評量〉1.參與分站遊戲能遵守秩序。

2.能安靜觀賞戲劇演出。

〈操作評量〉1.能與人合作完成拼圖。

2.會操作卡通漫畫快翻書並體驗動畫之樂趣。

十三、幼兒綜合學習評量

主題名稱：愛書人黃茉莉

項目	評　量　內　容	評　量　結　果					
		優異		良好		加油	
		起始	總結	起始	總結	起始	總結
認知發展	1. 能說出三個以上有書的地方						
	2. 能說出書的結構名稱						
	3. 能正確排列出書本製作過程的程序圖						
	4. 能辨識相同的文字						
	5. 能將圖書和正確的書名做配對						
情意發展	1. 會親近書本、愛惜書						
	2. 能安靜閱讀						
	3. 能安靜聽老師說故事						
	4. 會將紙類再利用						
	5. 能快樂地、安靜地參觀書展						
	6. 能大方地介紹自己最喜歡的書						
技能發展	1. 會實際在圖書室借閱書本						
	2. 能和爸媽共同完成閱讀心靈分享單						
	3. 能將圖書分類、物歸原處						
	4. 能完成自製的一本書						
	5. 能將書做簡單正確的分類						
	6. 能說出一個簡單的故事						

老師的話：

老師簽名：＿＿＿＿＿

家長的話：

家長簽名：＿＿＿＿＿

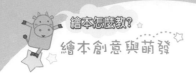
十四、教學省思

　　「愛書人黃茉莉」這個單元主題目標，除了銜接第一個單元主題「我是獨特的」單元活動，也意欲將「閱讀花園、智慧王國」的教學特色融入其中，帶領孩子進入書香的有趣世界，引導孩子愛書、親近書、習於閱讀並樂於傾聽分享。我們也運用了大量的繪本及操作書、立體書和孩子分享，引導孩子閱讀，並投入創作的愉悅中。

　　我們將主題發展為四大主題：書的世界、紙的遊戲、書的遊戲、童話王國。透過孩子平日對書的愛戀及經驗，帶領他們進入「書」的神秘世界，深入探討書的種類及演變，讓孩子對自古至今的書冊發展及優缺點都能知悉，這是我們相當引以為傲的課程。為了讓孩子更認識書，我們引導孩子增進對「圖書館功能」、「書的結構」、「書的分類」及「紙張」的研討興趣與生活經驗，帶領孩子參觀並實際操作，透過各種遊戲，讓孩子沉浸在書的世界中，不斷的翻閱、探究及實驗。孩子因此對書更感興趣，也養成了良好的閱讀習慣，對閱讀的主動性、專注性及理解力也大大的提升，快樂的徜徉書冊的國度。

　　我們每天的課程都設計學習單，就當日的課程主題讓孩子做進一步的參與及評量，對於家長來說，則能瞭解當日活動的內容及進展，雖然事前工作頗費心力，但是孩子獲得更統整的學習，家長則給予我們高度的回饋及支持，讓我們樂此不疲。家長非常肯定老師的用心，孩子變得喜歡閱讀，並認識了許多字。而孩子參加「晚安！猩猩」的表演，逐漸對戲劇產生進一步的認知，對每項學習都有濃厚的興趣，每天笑咪咪地分享班上的點點滴滴，家長感到欣慰！

　　因為孩子對「書本」產生熱情，所以產生動手創作的欲望，因此各班快樂的繪圖集結成冊，或嘗試各種立體書的創作，發揮想像力創作出各類有趣的書冊，呈現孩子的童心童趣。亦於全園活動中，擴大舉辦書展，邀請全園共襄盛舉，參與展出與閱覽，將書的活動帶入另一個高潮。

在全園活動中，以「童話世界」為主題，改編《你有看到我的書嗎？》及《晚安！猩猩！》，以音樂劇的方式和孩子互動分享，藉此激發孩子閱讀的興趣，觸動孩子內在的潛能與敏感，啟迪孩子自我學習與探索的熱情。並在分站遊戲中，(1)讓孩子透過小幻燈機窺探童話故事；(2)讓每個孩子翻看卡通漫畫快翻書，感受如電影影片故事的樂趣及動畫原理；(3)以童話故事的接龍故事拼圖，讓孩子協力同心拼組發表；(4)購置小布偶戲台十組，讓每三個小朋友就可共同編、導、演出一齣戲；(5)設計「童話故事主角」回家的遊戲，讓孩子對熟悉的人物展現關懷；(6)每天中午透過「午間空中聆聽花園」選播耳熟能詳的童話故事，並在活動中唱跳「童話世界」的歌曲律動。於是，我們在充耳、所見之處，所聽、所看及可操作的地方，都讓孩子感受童話的浪漫與豐盈，帶領孩子體驗童話經典的美好。

我們不鼓勵孩子死讀書，或只埋首於課業的背誦，盼望孩子能充分把握利用時間，廣泛閱讀，多方吸收新知，以閱讀開啟新視野，充實生命中的未知及不足。若是時間無限延展，我們將開啟更多扇的窗，帶領孩子體驗更多，宛如書一頁一頁的開啟翻閱下去，以「童書發展課程」實施有成，在這個單元中，更能開啟幼兒多元的學習。透過童書，師生共同創發體能活動、創作了許多本書，我們驚訝於孩子的創意無限，讓學習產生無比的樂趣，且充滿自信。

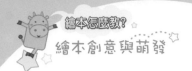
十五、教學資源

書籍資源

1.翻翻書

書　名	出版社	書　名	出版社
小寶寶翻翻書	上誼	幼兒迷你字典	上誼
波波系列	青林國際	胖國王系列	信誼

2. 折疊書

書　名	出版社	書　名	出版社
我變成一隻噴火龍了	國語日報	我的藍氣球	台英
第一次坐火車	台英	爸爸，我要月亮	信誼
寶寶的書	信誼		

3. 洗澡書

書　名	出版社
寶寶的皮球	風車圖書

4. 洞洞書

書　名	出版社
好餓的毛毛蟲	上誼

5. 玩具書

書　名	出版社	書　名	出版社
我會自己穿衣服	三之三	跳跳球	啟思
小感官系列——可愛的動物	上誼	睡覺的時間到了	三之三
好忙的蜘蛛	上誼	寂寞的螢火蟲	上誼
好安靜的蟋蟀	上誼		

6. 倒帶書

書　　名	出版社	書　　名	出版社
我們要去捉狗熊	台英	和甘伯伯去遊河	台英
在一個晴朗的日子	遠流		

7. 動線書

書　　名	出版社	書　　名	出版社
小種子	上誼	阿羅有枝彩色筆	上誼

8. 形狀書

書　　名	出版社	書　　名	出版社
神秘的生日禮物	上誼	經典童話形狀書	啟思
旋轉世界	信誼	獅子跳芭蕾	信誼
警察唱大戲	信誼	幼兒迷你字典	信誼

9. 顛倒書

書　　名	出版社	書　　名	出版社
膽小大巨人，膽大小老鼠	格林	打勾勾，打勾勾	台英

10.立體書

書　　名	出版社	書　　名	出版社
我喜歡上幼稚園	啟蒙文化	消防車出動了	上誼
走進城堡的世界	元尊文化	小翅膀大世界	台灣麥克
台灣麥克立體童話系列	台灣麥克	SPACE SHUTTLE	DK
黑暗神秘的夜行動物	八熊星	張開大嘴呱呱呱	上誼

11. 焦點書

書　　名	出版社	書　　名	出版社
小金魚逃走了	信誼	快樂的一天	遠流
我的爸爸走丟了	漢聲	你看見我的鴨子嗎？	台英

12. 預測書

書　　名	出版社	書　　名	出版社
如果你給老鼠吃餅乾	台英	三隻山羊嘎啦嘎啦	遠流
為什麼蚊子老是在人們的耳朵旁邊嗡嗡叫？	上誼	老鼠弟弟的背心	東販
像我平常那樣	遠流	巫婆呀巫婆請來參加我的宴會	鹿橋
棕色的熊棕色的熊，你在看什麼？	上誼		

13. 無字天書

書　　名	出版社	書　　名	出版社
樹木之歌	台英	千變萬化	上誼
早安	漢聲	晚安	漢聲
發現小錫兵	和英	野餐	上誼
7 號夢工場	格林	夢幻大飛行	遠流

14. 視覺魔術書

書　　名	出版社
ZOOM　　RE-ZOOM ROUND-TRIP 春天來了	上誼

15. 無字書

書　　名	出版社	書　　名	出版社
早安‧晚安	上誼	看得見的歌	上誼

教師參考書目

書　名	出版社	書　名	出版社
幼兒的語文經驗	五南	說故事的技巧	時報
幼兒的 110 本好書	信誼	家庭劇場	桂冠
認識兒童讀物插畫	中華民國兒童文學學會	中國圖書的故事	景行
如何做一本書	漢聲	童書是童書	宇宙光
童書非童書	宇宙光	童書久久 I、II、III	信誼
閱讀達人是教出來的	人好書屋	用繪本教出全方位的孩子	學研館
童話大王——讀童話就是這麼有趣	康軒	童話就是童話	飛寶國際文化
繪本故事媽媽；你也可以做做看！	天衛	英文繪本創意教學 3	維京國際
親子共遊童話世界	幼獅	100 個開發智力的遊戲書	京中玉
繪本主題教學資源手冊	心理	讓書香溢滿童年	印記
踏出閱讀的第一步	信誼基金出版		

網站資源

文建會兒童文化館——繪本花園 http://children.cca.gov.tw/garden/

格林繪本網 http://www.grimmpress.com.tw/

童書榨汁機 http://books.wownet.net/index.php

繪本花園 http://www.ylib.com/kids/read02.asp

小書蟲童書坊繪本的家 http://www.kidsbook.com.tw/

童書世界 http://www.childbook.com/

Woby 窩比幼教網好書介紹 http://www.woby.com.tw/goodbook01.asp? id=971

全國兒童閱讀網 http://www.openbook.moe.edu.tw/books.php? qtype=list&bk_class-s1=3

我們的樹

一、書籍介紹

書　　名：我們的樹

作　　者：伊芙・邦婷

譯　　者：柯倩華

出版社：上堤

二、內容介紹

《我們的樹》描寫耶誕節前夕，故事主角一家人開車前往森林去找尋屬於他們的耶誕樹，沒有豐盛的大餐、沒有喧鬧的舞會，他們用愛護自然、尊重生命的心，準備小動物最喜歡的食物，裝飾出一棵最耀眼的耶誕樹，一家人圍繞著耶誕樹，他們的神情中帶著和諧與溫馨，溫暖了整片森林，一家人把愛心關注在森林的動物上，這些動物分享他們帶來的愛的禮物，共譜一段歡樂樂章。

在《我們的樹》中，小男孩的父母給了孩子一個最佳的示範，和樹作朋友，這份感恩與珍惜大自然的心，讓孩子體會到快樂的給予和分享，才是最值得慶祝的事。

三、緣起

　　幼兒的學習課程，對於「人與我」、「人與社會」探討的接觸機會比較多，而在「人與自然」的部分，應該也是幼兒需學習與體驗的重要一環，同時幼稚園的課程常需與節慶結合，因此為了豐富幼兒學習的廣度，我們選擇了繪本《我們的樹》做為主題發展課程。

　　聖誕節常是幼稚園重要的節慶活動，可能有美麗的聖誕樹、期待的禮物、豐盛的餐點、熱鬧的舞會……，這些或許能為幼兒帶來驚喜，但如何在慶祝聖誕節中，同時讓幼兒從活動中學習感恩、惜福的心，這是值得我們去思考的。

　　透過繪本《我們的樹》，給予我們不同的思考角度，並延伸對自然的尊重與關懷。

四、教學目標

一、認識樹木基本構造及名稱。

二、了解樹木的功用及生長環境。

三、培養細心觀察、主動探究的科學精神。

四、學習關懷尊重大自然。

五、培養感恩惜福的心。

六、學習種植植物的方法。

五、主題情境佈置

「我們的樹」主題情境創意發想：樹與人類的生活息息相關，樹對人類的貢獻更是不勝枚舉。在逐漸重視環保的今日，希望藉由《我們的樹》這本書培養與自然為友的觀念，並建立與大自然共生共存的理念。

在人情境的營造上，老師首先佈置一棵立體的樹，再請幼兒以手掌蓋印的方式製作樹葉，並在樹葉上寫下祝福與感恩的話語，傳遞對萬物的關懷與善意。

樹的種類包羅萬象，實地到校園中觀察樹木的種類及生態，讓幼兒從各種角度認識樹的千姿百態，回到教室討論後幼兒分組創作，運用不同的素材與技法，幼兒們皆樂在其中，享受創作的喜悅。活動同時培養幼兒愛護樹木、珍惜地球資源的情操。

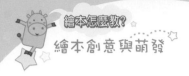
六、教學前概念網

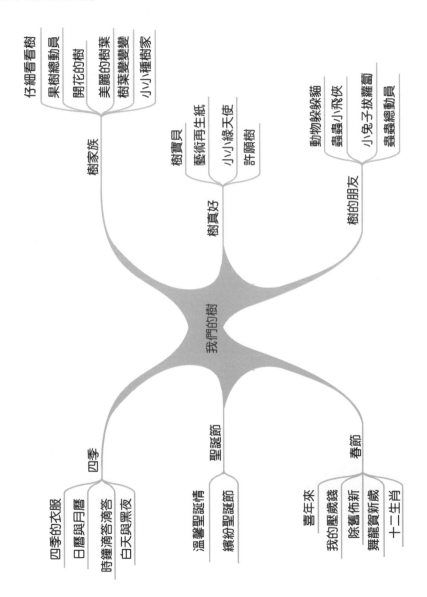

樹家族
- 仔細看看樹
- 果樹總動員
- 開花的樹
- 美麗的樹葉
- 樹葉變變變
- 小小種樹家

樹真好
- 樹寶貝
- 藝術再生紙
- 小小綠天使
- 許願樹

樹的朋友
- 動物躲躲貓
- 蟲蟲小飛俠
- 小兔子採蘿蔔
- 蟲蟲總動員

我們的樹

四季
- 四季的衣服
- 日曆與月曆
- 時鐘滴答滴答
- 白天與黑夜

聖誕節
- 溫馨聖誕情
- 繽紛聖誕節

春節
- 喜年來
- 我的壓歲錢
- 除舊佈新
- 舞龍賀新歲
- 十二生肖

七、教學後活動網

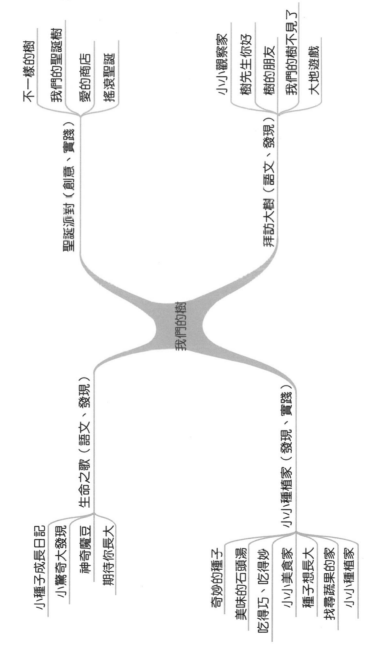

聖誕派對（創意、實踐）
- 不一樣的樹
- 我們的聖誕樹
- 愛的商店
- 搖滾聖誕

拜訪大樹（語文、發現）
- 小小觀察家
- 樹先生你好
- 樹的朋友
- 我們的樹不見了
- 大地遊戲

我們的樹

生命之歌（語文、發現）
- 小種子成長日記
- 小驚奇大發現
- 神奇魔豆
- 期待你長大

小小種植家（發現、實踐）
- 奇妙的種子
- 美味的石頭湯
- 吃得巧、吃得妙
- 小小美食家
- 種子想長大
- 找尋蔬果的家
- 小小種植家

3

我們的樹

八、深化討論

 主題設問

主題繪本：我們的樹

以「植物的觀點」為架構

原因：1.小男孩一家人為什麼要到森林裡？

經過：1.小男孩的樹長在什麼地方？
　　　　2.森林裡可以看到哪些植物？
　　　　3.小男孩發現他們的樹和去年比較起來有何改變？

結果：小男孩一家人如何讓他們的樹看起來更漂亮？

延伸：你希望你有一棵什麼樣的樹？

延伸活動：不一樣的樹（分組美勞創作）

以「關懷大自然」為架構

原因：為什麼小男孩要去找他的樹？

經過：1.小男孩的聖誕樹在什麼地方？
　　　　2.小男孩在途中遇見哪些動物？
　　　　3.小男孩用什麼佈置聖誕樹？

結果：1.小男孩為小動物們做什麼事？
　　　　2.小男孩想像有哪些動物朋友在森林裡享受聖誕大餐？

延伸：如果你有一棵樹會怎麼照顧它？

延伸活動：校園植物巡禮（認養樹木）

以「聖誕節」為架構

原因：小男孩在什麼時候去找他的樹？

經過：1.小男孩和誰一起佈置聖誕樹？
　　　　2.小男孩如何佈置聖誕樹？

結果：小男孩留下什麼東西在森林裡？

延伸：1.你會用什麼方式慶祝聖誕節？
　　　　2.你會想邀請哪些朋友和你一起過聖誕節？

延伸活動：繽紛聖誕節
　　　　　　（聖誕節親子活動）

以「　　　　　」為架構

原因：1.
　　　　2.

經過：1.
　　　　2.

結果：1.
　　　　2.

延伸：1.
　　　　2.

8-2 主題繪本活動實例

【不一樣的樹】

教學資源 繪本《我們的樹》、半開海報紙、手指膏、玻璃紙、色紙、水彩、海綿、紙漿、碎布、瓦楞紙、剪刀、白膠

教學過程

1. 繪本賞析：我們的樹。
2. 團體討論：
   (1) 每年的耶誕夜，故事中的一家人是怎麼度過的？
   (2) 他們到森林裡做了哪些事情？
   (3) 他們的聖誕樹和你印象中的聖誕樹有哪裡不一樣？
   (4) 你希望你有一棵什麼樣的樹？
3. 創作我們的樹：
   (1) 幼兒決定以小組方式，共同設計一棵屬於自己的樹。
   (2) 各小組運用各種美勞素材進行創作。
4. 分享：各小組輪流展示發表，並介紹「我們的樹」。
5. 將各小組作品做為情境佈置。

評量
〈口頭評量〉能踴躍表達自己的想法。
〈觀察評量〉能專心聆聽故事。
〈操作評量〉能利用各種素材進行創作。

↷ 我們用瓦楞紙當畫筆

↷ 我們用手指膏畫仙人掌

↷ 我們用紙漿做樹唷！

↷ 「我們的樹」完成囉！

3

我們的樹

(8-3) 深化團討紀錄

T： 這一家人在聖誕節去哪裡呢？

S12： 去森林裡。

T： 小男孩一家人為什麼要到森林裡呢？

S7： 因為他們要去他們的樹過聖誕節的夜晚。

S23： 因為他們要在一個很安靜的地方，又很漂亮的地方過一個聖誕節。

S6： 因為他們要在聖誕節很冷的時候掛食物給小動物們吃。

T： 那個森林是什麼樣的森林呢？

S2： 裡面有住著很多動物的森林。

S8： 有很多植物的森林。

S3： 可以看到野果、橡樹、楓樹。

T： 小男孩發現他們的樹跟去年比較有哪裡不一樣？

S21： 那棵聖誕樹比去年還要高。

T： 小男孩一家人是怎麼讓他們的樹看起來更漂亮呢？

S14： 他們在樹上面裝飾一些東西。

S12： 他們在樹上一些吃的東西，像是橘子、蘋果還有麵包。

S30： 還有裝飾爆米花，漂亮的一條一條，他們把它裝飾在聖誕樹把它為成一圈。

T： 如果是你，你希望有一棵什麼樣的樹呢？

S22： 我希望會有一棵很高又很漂亮的樹，葉子都長得跟聖誕樹一樣。

S1： 我希望有一棵可以實現願望的樹。

S6： 我希望有一棵神秘的樹，像是榕樹那樣，榕樹有很多葉子，而且還有鬍鬚。

T： 如果你有一棵自己的樹，你想要怎麼設計與佈置？

S11： 我可以把它佈置亮亮的東西。

S30： 很漂亮的亮亮的東西，插電會亮亮，會有很多顏色。

S17： 我要裝飾禮物，還有裝飾圓圓金金、很像球的東西。

S8： 還可以裝飾鈴鐺。

S9： 用球球掛在上面，還會用彩色的絲掛在聖誕樹上面。

S1： 我會在下面放假的禮物。

九、活動單元

【我們的聖誕樹】

教學資源 繪本《快樂耶誕》、海報紙、鈴鐺、色紙、毛根、通草、金蔥、保麗龍球、緞帶、色膠帶、金粉、羽毛、亮粉、聖誕飾品、白膠、剪刀

教學過程

1. 繪本賞析：《快樂耶誕》（啟思文化），滿足幼兒想在聖誕節來臨前，讓教室裡充滿聖誕氣氛的想法。

2. 團體討論：

   (1) 聖誕節應景的物品有哪些？

   (2) 如果要設計一棵聖誕樹，你會怎麼做？

   (3) 如果你要設計一棵班級的聖誕樹，你會怎麼做？

3. 美勞創作：

   (1) 幼兒決定以小組方式，共同創作組合出一棵班級聖誕樹。

   (2) 各小組自由選擇運用的素材，並進行創作。

4. 將各組創作完成作品，拼貼組合成一棵聖誕樹。

5. 展示幼兒創作之聖誕樹，做為教室情境佈置。

6. 幼兒分享創作歷程與心情。

生成概念 聖誕樹的排列概念。

評量
〈口頭評量〉能說出心目中的聖誕樹。
〈觀察評量〉能與人共同合作完成作品。
〈操作評量〉能利用各種素材進行創作。

♠ 最上層由我們佈置喔！

♠ 我們用彩色泡棉裝飾

♠ 我們的「聖誕樹」佈置完成啦！

♠ 我好喜歡我們的聖誕樹唷！

【小小觀察家】

教學資源 海報紙、蠟筆、圖畫紙、鉛筆、照相機、放大鏡、皮尺、學習單

○ 我們來仔細觀察樹

教學過程

1. 認識校園植物：拍攝校園的樹木，再透過 PPT 方式與幼兒分享。

2. 尋樹大考驗：教師先行拍攝校園六棵不同的樹，請幼兒依照圖片至校園尋找該樹木，並進行觀察、觸摸樹的外型及結構。

3. 小小觀察家：幼兒運用各種觀察工具，學習如何對樹木進行正確的觀察與測量。

4. 觀察紀錄：幼兒利用感官及工具觀察樹木，再將觀察到的景象，以彩繪、拓印、拍照等方式，呈現在觀察紀錄海報上。

5. 小小解說員：各組派一位幼兒當小小解說員，分享觀察到的景象，及海報上彩繪的內容。

6. 「小小觀察家」學習單：分享活動過程及感想。

生成概念 長度測量方法。

評量
〈口頭評量〉1.能說出樹木的構造。
2.能發表自己觀察的結果。
〈觀察評量〉能樂於參與觀察活動。
〈操作評量〉能完成觀察紀錄。

○ 這棵樹到底有多高呢？

○ 我們來拓印樹皮

○ 樹的旁邊有隻昆蟲耶！

【樹先生你好】

教學資源 繪本《樹的聲音》、學習單、鉛筆

教學過程

1. 繪本賞析：《樹的聲音》（米奇巴克），滿足幼兒想知道樹心中的想法。

2. 團體討論：

   (1) 故事中的樹有發出了哪些聲音？

   (2) 聽到那些聲音你覺得那是什麼意思？有什麼感覺？

   (3) 你曾經聽過樹發出哪些聲音？

   (4) 如果你有機會訪問樹，你想要問他哪些問題？

3. 拜訪大樹：

   (1) 帶領幼兒走訪校園。

   (2) 幼兒自由駐足於樹前，安靜聆聽大自然的聲音。

   (3) 透過「拜訪大樹」學習單，讓幼兒擔任小小記者，對校園中的樹展開一場訪談。

4. 心情分享：

   (1) 由各組輪流發表所訪談大樹的過程及內容。

   (2) 幼兒發表聆聽樹的聲音及訪談大樹的感覺。

生成概念 知道「記者」的角色及工作。

🎧 我們來訪問酒瓶椰子吧！

🎧 大樹爺爺你多高啊？

🎧 你覺得樹的心情是怎樣的呢？

評量	
〈口頭評量〉	1.能說出樹木的外型特徵。
	2.能說出影響樹木成長的因素。
〈觀察評量〉	能樂於參與訪談活動。
〈操作評量〉	能完成訪談工作。

【樹的朋友】

教學資源 絲巾、玩具斧頭、裝扮道具、音樂 CD

教學過程

1. 團體討論：

    (1) 樹木的朋友有哪些？

    (2) 為什麼他們是樹的好朋友？

    (3) 那誰又是樹的敵人呢？

    (4) 如果是你，你會如何保護樹呢？

2. 裝扮活動：幼兒運用各種道具，變身為樹及樹的朋友。

3. 護樹體能活動：

    (1) 樵夫來砍樹，樹倒後動物則得棲息到另一棵樹。

    (2) 結合音樂與指令，教師與幼兒輪流扮演樵夫砍伐大樹的角色。

4. 心情分享：

    (1) 最後只剩一棵樹時，樹的朋友可以怎麼做？

    (2) 發表哪些是護樹的行為？

    (3) 發表參與護樹體能活動之心情。

5. 律動創作：利用音樂「乘風起飛」編創護樹律動。

我要裝扮成大樹

我的朋友快來我身邊吧！

樹被砍光怎麼辦？

評量

〈口頭評量〉能說出保護樹的方法。

〈觀察評量〉能遵守遊戲規則。

〈操作評量〉1.能自己完成裝扮。

2.能運用肢體創作律動。

【我們的樹不見了】

教學資源 繪本《樹逃走了》、圖畫書、彩色筆

○ 我們來討論要怎麼做
　吧！

教學過程

1. 繪本賞析《樹逃走了》（大樹文化）。
2. 團體討論：
   (1) 樹為什麼逃走了？
   (2) 樹逃走之後發生了什麼事？
   (3) 樹後來為什麼回來了？
   (4) 如果你是樹，你希望別人怎麼照顧你呢？
   (5) 如果是你，你會如何愛護樹？
3. 愛樹活動：
   (1) 小組討論愛樹之方法。
   (2) 幼兒將愛樹之方法彩繪至圖畫紙上。
   (3) 將圖畫依序排列，另外設計封皮及封底，完成愛樹小書。
4. 愛樹小書發表會：教師將幼兒創作之愛樹小書製作成 PPT，讓小組幼兒發表分享。

○ 我要把保護樹的方法
　畫出來

生成概念 蛋白質的環保功能。

評量
〈口頭評量〉能說出愛樹的方法。
〈觀察評量〉能與人分享創作之故事。
〈操作評量〉能運用素材創作圖畫書。

○ 我們來排小書的順序
　吧！

○ 我要幫忙打掃環境讓
　樹開心

【大地遊戲】

教學資源 闖關學習單、關名海報、印章、蠟筆、鉛筆、放大鏡、雙面膠、蒐集枯葉

教學過程

1. 大地遊戲：教師以校園為教室，透過分站闖關活動，讓幼兒深入認識校園各種植物，以自然素材進行美勞活動，並進而關懷大自然環境。

2. 大地遊戲內容：
   (1) 拓印大師：利用蠟筆在圖畫紙上拓印樹皮。
   (2) 小小放大鏡：用放大鏡觀察樹周圍的小動物，並以彩繪方式記錄下來。
   (3) 神奇的葉子：將一片枯葉黏貼至學習單上做創意聯想畫。
   (4) 猜猜我是誰：關主隨機抽問校園植物之名稱，正確答出即可過關。
   (5) 樹木大師：關主提問有關植物的各種常識。
   (6) 樹的守護者：幼兒分享如何愛護樹，讓樹快樂長得好。

3. 活動方式：幼兒帶著闖關學習單，挑戰活動內容，蒐集到六個闖關印章即通過考驗。

4. 分享「大地遊戲」學習單。

生成概念 小朋友也可以當大樹的守護者。

評量
〈口頭評量〉能說出樹木的名稱、結構、及功用。
〈觀察評量〉能細心參與觀察。
〈操作評量〉1.能拓印出樹幹的紋路。
2.能完成闖關活動。

⊙ 這裡有好多螞蟻唷！

⊙ 我正在用樹葉變成一隻山豬

⊙ 那棵樹是「台灣欒樹」

⊙ 要怎麼讓樹長得更好呢？

【奇妙的種子】

教學資源 繪本《子兒吐吐》、學習單、蔬果實物、刀子

☝ 老闆我要買棗子

教學過程

1. 繪本賞析：《子兒吐吐》（信誼）。
2. 團體討論：
   (1) 故事主角胖臉兒發生了什麼事？
   (2) 胖臉兒對於發生的事有什麼想法？
   (3) 其他人對於這件事又有什麼看法呢？
   (4) 最後那些木瓜子兒怎麼了？
   (5) 生活中有蔬果是有子兒的呢？
3. 互動戲劇：教師扮演媽媽上街買菜，藉由師生互動，讓幼兒認識常吃的蔬果。
4. 蔬果秀：展示各種蔬果實物縱切、橫切剖面，幼兒進行實物觀察，並將圖卡與蔬果進行配對活動。
5. 小小蔬果觀察家：讓幼兒運用感官進行探索活動。
6. 完成「小小蔬果觀察家」學習單。

生成概念 蔬果種子各不相同。

評量
〈口頭評量〉1.能說出蔬果的名稱。
　　　　　　2.能說出種子的特徵。
〈觀察評量〉能細心參與觀察活動。
〈操作評量〉能完成蔬果圖卡配對。

☝ 原來水果裡面是這樣啊！

☝ 蕃茄的籽好小好軟

☝ 我會完成蔬果觀察學習單

3

我們的樹

【美味的石頭湯】

教學資源 繪本《石頭湯》、鍋子、三顆石頭、蔬果實物

教學過程

1. 創意發想：教學觀察用之蔬果，除了觀察用外，還可以如何再利用呢？

2. 繪本賞析：《石頭湯》（小魯文化）。

3. 團體討論：

   (1) 為什麼要煮石頭湯？

   (2) 石頭湯要如何烹煮？

   (3) 石頭湯為什麼會很美味？

   (4) 如果你要做石頭湯，你會怎麼做呢？

   (5) 什麼時候可以煮石頭湯？

4. 烹飪活動：

   (1) 師生將「石頭湯」故事情節，以烹飪活動呈現。

   (2) 將觀察後之蔬果，讓幼兒以扮演方式，輪流加入至石頭湯中。

   (3) 師生共同品嚐石頭湯。

5. 分享：幼兒發表烹煮及品嚐石頭湯的感覺。

↻ 我要準備放石頭囉！

↻ 我想要加點鹽巴

↻ 我們的石頭湯真是美味

生成概念 調味料有不同種類及味道。

評量
〈口頭評量〉1.能說出如何烹煮石頭湯。
　　　　　　2.能說出石頭湯美味的原因及品嚐心情。
〈觀察評量〉能樂於參與烹煮活動。
〈操作評量〉能動手烹煮石頭湯。

【吃得巧‧吃得妙】

教學資源 繪本《上面下面》、大熊、小兔子裝扮服裝道具、蔬果實物

○ 小兔子你來幫我種菜

教學過程

1. 戲劇欣賞：改編繪本《上面下面》（三之三），由教師做角色扮演。

2. 團體討論：

   (1) 為什麼小兔子要幫大熊種植植物？

   (2) 為什麼大熊對於獲得的植物都不滿意？

   (3) 最後大熊有怎麼樣的改變？

   (4) 如果是你，要如何避免發生像大熊一樣的事情？

3. 猜一猜：教師展示蔬果圖片，請幼兒發表食用部位。

4. 蔬果大風吹：幼兒將蔬果食用部位進行分類。

生成概念 1. 認識植物的繁殖方式。2. 可食用的各種食物部位。

評量
〈口頭評量〉能說出兩種蔬果名稱及其食用的部位。
〈觀察評量〉能專心欣賞戲劇演出。
〈操作評量〉能正確將蔬果依食用部位進行分類。

○ 為什麼我只有葉子

○ 我們一起合力種菜吧！

○ 馬鈴薯是莖可以吃喔！

我們的樹

【小小美食家】

教學資源 蔬果介紹海報、果汁、餅乾及食物、闖關卡、
學習單、印章、裝扮道具

↷ 我們是蔬果專家

教學過程

1. 由教師扮演蔬果專家，讓幼兒認識各種蔬果的成長過
   程及營養價值，最後透過闖關活動認識蔬果之副食品，
   再進行品嚐活動。
2. 闖關內容：
   (1) 珍珠花果茶園：認識各種花果製成之飲料。
   (2) 蔬果變變變：認識各種乾燥後之食用蔬果。
   (3) 甜蜜蜜草莓：認識草莓製成之副食品及料理。
   (4) 紅通通番茄：認識番茄製成之副食品及料理。
3. 活動方式：幼兒自由帶著闖關卡，參加「小小美食家」闖關活動，並進行品嚐
   活動。
4. 完成「小小美食家」學習單並分享闖關心情。

生成概念 食物保存有方法。。

評量
〈口頭評量〉1.能說出蔬果的營養素。
　　　　　　2.能說出兩種蔬果名稱及其副食品。
〈觀察評量〉能遵守用餐禮儀。
〈操作評量〉能獨自完成闖關活動。

↷ 哇！這是好吃的番茄
義大利麵

↷ 我最喜歡吃草莓了！

↷ 等一下我還要繼續闖
關

【找尋蔬果的家】

教學資源 繪本《誰要來種樹》、鏟子、鋤頭、圓鍬

教學過程

1. 繪本賞析：《誰要來種樹》（信誼）。
2. 團體討論：
   (1) 動物把樹種在什麼地方？
   (2) 種樹對動物生活有什麼改變？
   (3) 如果是你，種植植物會在什麼樣的地方？
3. 蔬果的家：
   (1) 你的小種子可以種在校園的什麼地方？
   (2) 你選擇種植的地方之想法是什麼？
4. 發現新大陸：師生共同拜訪校園，一起找尋最適合種植的環境。
5. 化腐朽為神奇：
   (1) 觀察環境，討論如何讓環境更適合種植。
   (2) 各小組分工做整地的工作，教師提供整地工具。
   (3) 完成整地進行環境清掃工作。
   (4) 期待小種子的到來，蔬果的家誕生。

↻ 大家決定要在哪裡種植了嗎？

↻ 大家一起來鋤草

↻ 我們把雜草撿一撿

↻ 我們來用鏟子鏟土吧！

評量

〈口頭評量〉1.能說出適合種植植物的環境。

2.能說出種植植物需準備的工作。

〈觀察評量〉能積極參與「尋找蔬果的家」活動。

〈操作評量〉能參與鋤草整地工作。

3 我們的樹

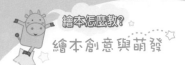
【小小種植家】

教學資源 繪本《小布種豆子》、圖畫紙、冰棒棍、彩色筆、尼龍繩、培養土、蔬果種子、紅蘿蔔、馬鈴薯、地瓜、蒜頭、澆花器

教學過程

1. 繪本賞析:《小布種豆子》(企鵝)。
2. 團體討論:
   (1) 小布為什麼想要種豆子?
   (2) 種豆子需要哪些方法?
   (3) 小豆子長大後有什麼功用?
   (4) 如果你要種植植物,需要注意哪些事情?以及哪些物品?
   (5) 如果你是小布,你想要種植哪些植物?
3. 準備工作:
   (1) 小組討論所要種植之植物名稱。
   (2) 教師準備幼兒想要種植的植物種子,及種植所需物品。
   (3) 幼兒製作植物標誌牌。
4. 種植活動:
   (1) 師生利用尼龍繩將整地完成之區域進行劃分。
   (2) 利用培養土改善土質,並進行施肥工作。
   (3) 進行植物栽種及澆水工作,並放置標誌牌。
5. 完成種植工作後,幼兒分享種植心情。

生成概念 培養土提供植物營養的家。

○ 我們想要種青菜

○ 劃分區域囉!

○ 開始動手種囉!

○ 澆水啦!

評量
〈口頭評量〉能說出種植植物的流程。
〈觀察評量〉能與人共同參與種植活動。
〈操作評量〉能完成植物種植的工作。

【小種子成長日記】

教學資源 繪本《十顆種子》、小種子成長紀錄簿、筆、尺、澆花器、水

教學過程

1. 繪本賞析：《十顆種子》（經典傳訊）。

2. 團體討論：

   (1) 泥土裡的種子是怎麼長大的？

   (2) 為什麼種子會越來越少？

   (3) 你還發現小種子有什麼變化嗎？

   (4) 小種子長大需要哪些條件呢？

   (5) 你要怎麼照顧你的小種子呢？

   (6) 如果是你，你要怎麼知道小種子長大了？

3. 觀察紀錄：

   (1) 幼兒想要觀察小種子長大過程，教師設計「小種子成長紀錄簿」。

   (2) 教師說明如何記錄小種子成長日記。

   (3) 教師指導幼兒認識測量的工具，以及正確測量方法。

   (4) 幼兒每日實際進行植物觀察測量活動。

4. 幼兒分享小種子成長日記。

生成概念 種子播種時要注意散佈範圍。

評量
〈口頭評量〉能說出植物成長情形。
〈觀察評量〉1.能樂於參與觀察記錄活動。
              2.能正確使用測量工具。
〈操作評量〉能畫出植物成長變化。

↑ 我的小種子有長大唷！

↑ 我要蓋上今天的日期章

↑ 我要畫上小種子長大的樣子

↑ 這就是我們的小種子成長日記

3

我們的樹

【小驚奇大發現】

↑ 我們的嫩芽是愛心的形狀

教學資源 植物圖卡

教學過程

1. 觀察活動：

   (1) 師生走訪蔬果園觀察植物成長情形。

   (2) 幼兒發表植物外型有什麼變化。

   (3) 幼兒發表各種植物發芽情形異同之處。

2. 超級比一比：

   (1) 幼兒運用肢體表現自己植物的發芽情形。

   (2) 透過肢體展現，加深幼兒對不同植物外形的認識。

3. 猜猜我是誰：

   (1) 展示各種種植植物成熟時之圖卡。

   (2) 分組請幼兒將自己種植之植物，與圖卡進行配對活動，答對者即得分。

生成概念 植物成長外型會有所變化。

評量 〈口頭評量〉能說出植物成長的外型變化。

〈觀察評量〉1.能細心觀察植物的變化。

2.能比較植物嫩芽外觀的不同。

〈操作評量〉能運用肢體進行創作。

↑ 我們的葉子是尖尖的

↑ 小種子長大後會是什麼樣子呢？

↑ 耶！配對成功囉！

【期待你長大】

教學資源 卡片、彩色筆、彩帶、堅果類食品、桌子、掃把、垃圾袋、音樂CD、音響、樂器、裝扮服裝

教學過程

1. 假期來臨前夕，幼兒分享在無法照顧植物時，小植物該怎麼辦。

2. 團體討論：
   (1) 當種植的植物沒人照顧時，這些植物會有什麼變化？
   (2) 你可以怎麼做？
   (3) 除了找人幫忙照顧之外，你還可以為它做什麼事？
   (4) 有什麼方法可以讓小種子知道你對它的關心？

3. 製作祈願卡片：幼兒希望透過自己製作的卡片，說出對小種子的關心與期待。

4. 祈願 party：
   (1) 師生共同討論祈願 party 活動內容。
   (2) 透過小組進行工作分配與討論，並著手進行籌備活動（佈置、表演、餐點……）。
   (3) 至蔬果園舉行小種子長大祈願活動。

生成概念 祈願卡是表達關心的方式之一。

評量
〈口頭評量〉能說出對小種子的祝福與期待。
〈觀察評量〉1. 能樂於參與活動。
　　　　　　2. 能勝任自己負責的工作項目。
〈操作評量〉1. 能設計創作卡片。
　　　　　　2. 能完成負責工作。

↻ 我們要送小種子卡片

↻ 我們來佈置囉！

↻ 我們祈願會要開始囉！

↻ 今天的 party 真開心！

3 我們的樹

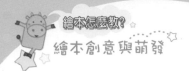

十、學習單

學習單　**我們的樹**

班級：_____ 姓名：_____

校園巡禮──觀察校園裡樹的種類及外形

◎ 畫下我所需要的工具

◎ 我最喜歡的樹：_____

◎ 這是它的樣子

學習單　小小觀察家

班級：_____　姓名：_____

◎ 我們觀察的樹是：

　　□ 流蘇　　□ 小葉欖仁　　□ 榔榆　　□ 台灣欒樹　　□ 紅葉樹　　□ 酒瓶椰子

◎ 最令我印象深刻的時段是：

　　　　□ 小小偵探團時間　　　□ 小小觀察家時間

　　　　□ 記錄海報製作時間　　□ 小小解說員時間

◎ 請把你印象最深刻的畫面，用筆彩繪出來和我們分享

◎ 我想說的話：

_____

_____

3

我們的樹

1 2 3 4

學習單　**小小蔬果觀察家**

班級：_____　姓名：_____

🍆 小小蔬果觀察家：

🍆 我觀察的蔬果名稱是：

🍆 它屬於：□蔬菜類　□水果類　□兩者都是

🍆 看看它的樣子吧！

原本的樣子	切開的樣子	種籽的樣子

🍆 小小蔬果觀察家的心情分享：

_____

_____

_____

學習單　拜訪大樹活動單

班級：_____　姓名：_____

一、樹的名字：_____，我為它取的名字：_____

　　1. 種植地點：□夢公園　□操場旁　□木棧道旁　□其他_____

　　2. 健康狀況：□☺良好　□😐尚可　□☹待醫治

二、葉子表面：□光滑　□有斑點　□乾枯，上面有_____動物。

三、樹幹：□表皮剝落　□有蟲啃食　□紋路清楚　□其他_____，

　　上面有_____動物。

四、花：□有　□無，_____色，上面有_____動物。

五、果實：□有　□無，_____色，上面有_____動物。

六、環境特色：陽光　□強烈☀　□適中　□陰暗

　　1. 聲音：□安靜　□吵雜

　　2. 環境衛生：□乾淨　□骯髒　□普通

七、訪問大樹：_____

_____

學習單　小小種植家

班級：_____ 姓名：_____

※ ※ ~~~~ – ※ – ~~~~ – ※ – ~~~~ – ※ – ~~~~ – ※ – ~~~~ – ※ – ~~~~ – ※ ※

🔦 親愛的小朋友，請你將剛才種植時所用到的東西圈起來。

🔦 請你用筆彩繪下剛才種植的活動。

🔦 小小種植家心情分享：

_____

_____

學習單　期待你長大

◎ 親愛的小朋友，透過植栽活動，期待小種子長大的過程，你想要給小種子什麼樣的祝福呢？請你設計一張祈願卡，並寫下你對它的祝福。

◎ 給小種子的祈願會，你擔任的是什麼工作？請你在下面□中打勾。

　　□ 佈置組　　　□ 環境清潔組　　　□ 食物組　　　□ 表演組

◎ 請你彩繪下今天印象最深刻的畫面，和我們分享。

◎ 我想說的話：

3

我們的樹

 學習單 「繽紛聖誕節」親子慶祝活動

　　親愛的小朋友，今天和家人一起參加「繽紛聖誕節」慶祝活動，請你當一位小記者，把今天的精采活動記錄下來。

◎ 陪我參加活動的人：

　　□ 爺爺　　□ 奶奶　　□ 爸爸　　□ 媽媽　　□ 其他人：＿＿＿＿＿＿＿＿

◎ 我最喜歡的遊戲：

　　□ 愛的擁抱　　□ 愛的拍拍　　□ 愛的祝福　　□ 聖誕老公公來報到

◎ 我最喜歡的時間：

　　□ 戲劇時間　□ 節目表演時間　□ 親子遊戲時間　□ 親子蛋糕 DIY 時間

◎ 請你把今天印象最深刻的畫面，彩繪下來和我們分享

◎ 我的心情分享：

＿＿＿＿＿＿＿＿＿＿＿＿＿＿＿＿＿＿＿＿＿＿＿＿＿＿＿＿＿＿＿＿＿＿＿＿＿＿

＿＿＿＿＿＿＿＿＿＿＿＿＿＿＿＿＿＿＿＿＿＿＿＿＿＿＿＿＿＿＿＿＿＿＿＿＿＿

我們的樹學習單

姓名

活動名稱：大地遊戲

活動內容：親愛的小朋友，歡迎你來挑戰大地遊戲，請你按照下面的提示，完成各個關卡的任務，通通六個關卡後，你就是名副其實的大地之王。

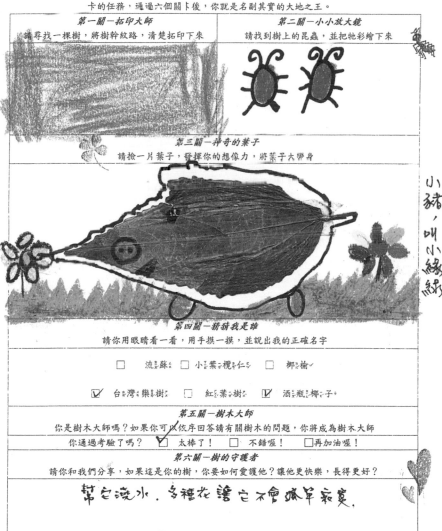

第一關－拓印大師
請尋找一棵樹，將樹幹紋路，清楚拓印下來

第二關－小小放大鏡
請找到樹上的昆蟲，並把牠彩繪下來

第三關－神奇的葉子
請撿一片葉子，發揮你的想像力，將葉子大變身

小豬，叫小緣緣

第四關－猜猜我是誰
請你用眼睛看一看，用手摸一摸，並說出我的正確名字

☐ 流蘇　☐ 小葉的欖仁　☐ 椰子樹

☑ 台灣欒樹　☐ 紅葉的樹　☑ 酒瓶椰子

第五關－樹木大師
你是樹木大師嗎？如果你可以依序回答請有關樹木的問題，你將成為樹木大師

你通過考驗了嗎？　☑太棒了！　☐ 不錯喔！　☐再加油喔！

第六關－樹的守護者
請你和我們分享，如果這是你的樹，你要如何愛護他？讓他更快樂，長得更好？

幫它澆水，多種花讓它不會孤單寂寞。

恭喜你闖關成功！

第一關	第二關	第三關	第四關	第五關	第六關

3

我們的樹

127

「我們的橙」學習單一小小美食家　　　姓名

◎親愛的小朋友，透過老師的介紹和品嚐活動，你對蔬果更暸解了
　嗎？請你用筆彩繪下來，今天你覺得最有趣的活動畫面，請和我們
　分享。

◎我的心情分享~

草莓很甜,番茄很好吃,大家吃得
很快樂,多吃蔬菜蔬果會便便,對身體很好。

◎我的活動闖關卡

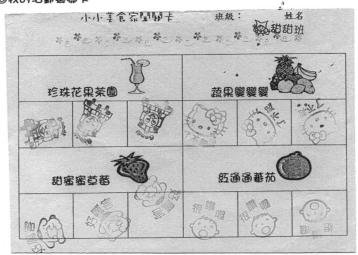

~恭喜你闖關成功，成為蔬果小小美食家~

小Ⴄ種子Ⴄ，發Ⴄ展Ⴄ記Ⴄ錄Ⴄ

小Ⴄ種子Ⴄ名稱Ⴄ：
我ẻ的Ⴄ小Ⴄ種子Ⴄ：

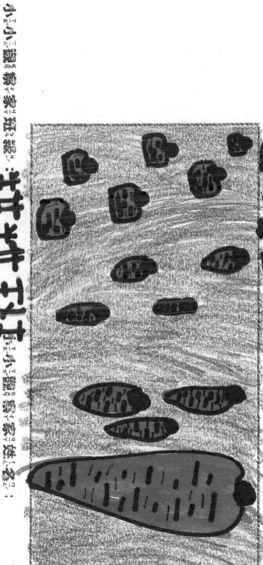

紅色奇異豆

小Ⴄ小Ⴄ觀察家班級姓名Ⴄ：古妙妙王

小種子成長表

日期： 96. 1. 12

0	1	2	3	4	5	6	7	8	9	10	11	12	13

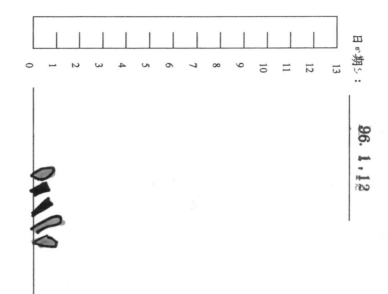

小種子成長表

日期： 96. 1. 19

0	1	2	3	4	5	6	7	8	9	10	11	12	13

我和我的小種子 ── 觀察心情記錄

※ ※ ※ ※ ※ ※ ※ ※ ※ ※ ※ ※ ※ ※ ※ ※

◎ 給小種子的悄悄話…（紅蘿蔔）

我天天幫紅蘿蔔澆水，才眼睜睜又好，所以我

很喜歡又很長長。

◎ 我要一心一意願意愛，我的小種子

每天替它澆水，才能讓生有陽光的地方

願～些，它們紅蘿蔔長得更漂亮

◎ 小小觀察家心情分享…

下午有空的眼間都會去看它，喜歡

它心情就公很多

十一、你還可以這樣教

活動一:水果拼盤

選取各種不同大小、形狀、顏色及特徵的水果,進行各種有趣的數學及益智遊戲。依分類方式,動手依序列排列及調整,並在不同水果盤指出特色,以及記憶觀察指出增減的水果及數目,最後以蠟筆作水果拼盤的靜物寫生。

↷ 水果士兵排排隊!

活動二:蔬菜達人

↷ 「蔬菜達人」一日遊

「菜市場」是個生動豐富的學習寶庫。在一日遊行程中,真正和蔬菜融合在一起,體驗蔬菜王國的知性暨感性之旅。我們一起逛菜市場,一起買菜、揀菜、洗菜、炒菜並品嚐蔬菜的美味,進行買菜遊戲。

活動三:擁抱大樹

引導孩子觀察討論各種果樹,瞭解各種果樹的生長特徵及果實配對,再以投票的方式,表達支持自己最喜歡的果樹成為班樹。主題式的建構創作班樹。我們在樹下遊戲、聚會及餐敘,快樂的擁抱班樹,享受甜蜜時光。

↷ 擁抱班樹玩遊戲

活動四:我愛花和葉

↷ 三朵花和一片葉子

假扮成毛毛蟲,探索花和葉的世界,體驗成長蛻變的喜悅。我們以體能遊戲的方式,關懷大樹及花葉並親近互動,體認生物共生的自然循環法則並融入創意。

活動五:感恩的季節

在聖誕佳節及年節的應景活動中,我們一起共慶喜樂和傳達愛的訊息。我們裝飾聖誕樹,妝點聖誕氣氛,也舞龍舞獅,進行寫春聯、包水餃、說吉祥話等年節活動,並合作扮演「年獸」的故事,快樂的在歲末延續傳說⋯⋯。

↷ 「年獸」終於被我們趕走了!

♪ 我的植物

活動六：我的植物介紹

　　老師請幼兒帶一種植物來介紹，過程中幼兒發現向日葵、黃花情人菊和小雛菊長得很像，有植物的葉子很相似，有左右對稱、尖、圓，展開幼兒們探索植物世界的開幕。

活動七：十二生肖植物

　　十二生肖植物動物因參加馬拉松比賽得到好成績，玉皇大帝特別提供三天假期做為獎勵，但三天過了，又三天過了，十二生肖都沒有回來，最後玉皇大帝算出解答咒語，才知道原來他們全躲在植物園裡的鼠尾草、虎耳草……等植物中，讓幼兒展開一場小偵探的活動。

♪ 十二生肖覓相找

♪ 花果山與美猴王

活動八：花果山

　　花果山的國土是遠近馳名的「美猴王」，但他卻不認識常吃水果的花朵長的如何，老師請小朋友透過觀察找出蔬菜水果的花朵，原來果實經過花朵中的雄蕊與雌蕊受精後，在花房中漸漸長大最後才形成果實。

活動九：上面下面

　　將《上面下面》的繪本故事以戲劇的方式呈現，讓幼兒發現平常食用不同植物的部位，其中地下莖和根最容易分不清；而地瓜成為最厲害的植物，因為葉子、莖可以炒來吃，地瓜用烤的或煮粥也都很好吃。

♪ 兔子先生來種菜

活動十：小豆子

　　老師透過小種子的音樂律動，讓幼兒把自己變成一顆小種子，模仿靜靜躺在土裡慢慢發芽的肢體動作，進而帶入爬木梯的體能活動，讓幼兒運用手眼協調克服對高的恐懼。

♪ 牽牛花小心爬

我們的樹

活動十一：水果種子配對

認識各種水果與水果種子（PPT），品嚐各種水果（桃子、橘子、奇異果、柳丁、草莓、葡萄柚、葡萄、蕃茄、芒果、荔枝、李子、香蕉……等）並將種子挑出來放在水果圖片下方。

○ 我吃的是橘子

活動十二：葉緣擦畫與葉脈觀察

認識各種不同的葉形與葉緣（PPT），到校園中撿拾葉子，以壓克力顏料擦畫葉緣，請孩子觀察各種不同的葉脈之後，以鉛筆畫出葉脈，並用亮亮筆描畫出葉脈的紋路。

○ 我在畫葉脈

活動十三：樹的各部位

繪本《子兒吐吐》討論胖臉兒吞進去的種子，變成了什麼？長出來的東西有什麼？老師拿出事前製作好的樹各部位教具，與孩子討論樹的各部位名稱及其主要功能，請孩子指出樹的各部位並完成學習單「樹的身體」。

○ 我們幫忙找出樹各部位的名稱

○ 我們裝扮的樹

活動十四：我是樹

複習樹的各部位與功能等相關的舊經驗，讓小朋友以分組、投票或自願的方式，選出一位代表當樹，讓其他組員隨意選擇素材幫他裝扮成樹。

活動十五：能吃的葉子

藉由東門國小的奈米網站，認識荷葉上的奈米寶寶，進而觀察校園中的樹葉或蔬菜葉裡有沒有奈米的成份，並將可食與不可食的葉子做分類，老師提供可食的葉子，讓孩子在洗手枱下實際觀察奈米寶寶，並藉由烹飪活動讓幼兒品嚐。

○ 我發現的奈米寶寶

仔細摸摸樹幹

活動十六：認識樹

　　帶領幼兒到校園觀察並觸摸樹木，再透過 PPT 介紹植物的基本構造與名稱，讓孩子認識「樹」。經討論之後大家決定分組創作自己的樹，看到孩子或撕或貼或畫努力合力創作著，神情專注令人感動。

活動十七：果樹總動員

　　以繪本《蘋果樹》帶入主題，之後進行「神祕箱」猜一猜活動，並玩水果名稱與字卡的配對遊戲。接下來和幼兒討論：「水果長在什麼地方？」透過 PPT 介紹讓幼兒了解到「果樹是先開花後結果」，對水果的成長過程有初步概念。

果樹是先開花後結果

活動十八：樹寶貝

大家都來保護樹木

　　欣賞完《愛心樹》繪本後展開討論：樹的功能？樹對人類的貢獻？由此建立「愛護花木」、「節約用紙」、「使用再生紙」等觀念。最後本班決定用餐時每人使用一張面紙，展現節約用紙的具體行動。

活動十九：蟲蟲小飛俠

　　有位幼兒帶了一隻獨角仙與同學們分享，老師也加入討論，後來決定到校園探訪，結果發現了許多「椿象」，回到教室後，老師介紹昆蟲的定義：「昆蟲有六隻腳、兩對翅膀，還有觸鬚」建立幼兒對昆蟲的了解與認知。

什麼是昆蟲

活動二十：四季的樹

瞧我認真的模樣

　　聖誕節快到了，大家一起討論要如何佈置？孩子們立刻想到要佈置一棵「聖誕樹」，同時有人提議要在樹上撒棉花，因為聖誕節在冬天會下雪。老師藉此透過 PPT 讓幼兒欣賞四季與樹木的變化，最後創作了一幅「繽紛的樹」彩糊畫。

十二、多元統整

【繽紛聖誕節】

在每年的十二月感恩季節中，聖誕節一直都是孩子們最期待的日子，為了滿足並充實幼兒生活經驗，園方精心規劃慶祝活動，活動中除了可以欣賞各班精彩的表演，更藉著親子遊戲增進親子間的情感。聖誕老公公的出現，大大地帶給孩子喜悅與歡樂，以及「蛋糕DIY」提供親子共同創作的機會，為活動畫下完美的句點。

教學資源

1. 情境佈置：
   (1) 背景：以紅色的布幕為背景，豎立大型立體的聖誕老公公、雪人、聖誕樹等，再以銀白色的布裝扮成雪景，上面以聖誕紅、氣球花點綴，最後將主題「繽紛聖誕節」金色字樣黏貼在布幕上，營造聖誕節熱鬧的氣氛。
   (2) 前方舞台：整體以金色紗為主，不規則抓皺摺以釘槍固定在舞台邊緣，再以各色聖誕紅點綴其中，展現浪漫與喜氣。
2. 道具：廣播系統、音響、音樂CD、麥克風、劇本、司儀腳本、舞台燈光。
3. 其他：各班表演服裝、道具、聖誕老公公服裝、聖誕小姐服裝。

教學過程

1. 引起動機：
   (1) 園內佈置聖誕節情境，並播放聖誕節系列歌曲營造熱鬧氣氛。
   (2) 親親班表演——快樂聖誕：透過表演，帶領全園師生及家長，迎接聖誕節的到來。
2. 發展活動：
   (1) 親子遊戲——愛的擁抱：透過音樂和爸媽玩肢體與擁抱遊戲。
   (2) 故事媽媽戲劇表演——動物報恩：藉戲劇表演培養

⚡ 迎接快樂聖誕

孩子感恩、惜福的情操。

(3) 蜜蜜班表演：蜜蜜寶貝閃亮組曲。

(4) 頒發愛心媽媽感謝狀：藉此感謝愛心家長平日對園
務活動的支持與協助。

(5) 甜甜班表演：搖滾聖誕。

(6) 親子遊戲——愛的拍拍：依音樂節奏配合老師的指
令，和爸爸媽媽進行親子遊戲。

(7) 愛愛班表演：水晶聖誕。

(8) 親子遊戲——愛的祝福：藉著律動表演，表達心中
的感恩與祝福。

(9) 樂樂班表演：愛在聖誕。

(10) 帶動唱——歡樂聖誕 GO GO GO：實習老師們合力
演出舞蹈，祝福大家有一個快樂的聖誕節。

⚪ 故事媽媽戲劇表演

⚪ 大班的表演精彩無比

3. 綜合活動：

(1) 聖誕老公公來囉：學校故事媽媽群裝扮成聖誕老公公，身揹禮物，跳著聖誕
舞曲，一出現即帶給孩子驚喜與歡樂，氣氛 High 到最高點。

(2) 各班團體照。

4. 延伸活動：

(1) 蛋糕 DIY：親子合力以奶油、軟糖、造型糖果等運用創意裝飾蛋糕。

(2) 愛的卡片——溫馨聖誕。

評量
〈口頭評量〉能說出一句祝福與感恩的話。
〈觀察評量〉能專心欣賞表演。
〈操作評量〉能運用素材合力裝飾蛋糕。

⚪ 祝大家聖誕快樂

⚪ 聖誕老公公來囉！

⚪ 蛋糕 DIY

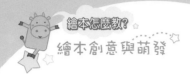

十三、幼兒綜合學習評量

主題名稱：我們的樹　　　　　　　　班別：_____　姓名：_____

項目	評量內容	評量結果					
		優異		良好		加油	
		起始	總結	起始	總結	起始	總結
認知發展	1. 能說出三種以上樹木的名稱						
	2. 能說出樹木的功用						
	3. 能說出植物的基本構造						
	4. 能說出自己種植植物的名稱						
	5. 能說出照顧植物的方法						
	6. 能說出影響植物成長的條件						
	7. 能說出種子的生長步驟						
	8. 能說出春節的習俗						
	9. 能說出新年的吉祥話						
情意發展	1. 能珍惜愛護大自然						
	2. 能善用資源，回收再利用						
	3. 能節約用紙						
	4. 能正確照顧自己種植的植物						
	5. 能細心觀察植物的生長變化						
	6. 能有細心觀察、主動探究的科學精神						
	7. 能踴躍表達自己的想法						
技能發展	1. 能正確使用測量工具						
	2. 能利用工具拓印出樹幹紋路及樹葉形狀						
	3. 能操作相機拍攝植物						
	4. 能將果實與種子做正確的分類與配對						
	5. 能依正確步驟種植植物						
	6. 能獨立完成植物成長觀察記錄						
	7. 能夠善用自己的壓歲錢						
	8. 能利用各種素材進行創作						

老師的話：

　　　　　　　　　　　　　　老師簽名：_____

家長的話：

　　　　　　　　　　　　　　家長簽名：_____

十四、教學省思

　　「我們的樹」單元主題從繪本深入賞析，延伸發展出不同面向的活動：(1)「聖誕派對」子題，結合聖誕節慶，在熱鬧與充滿感恩的氣氛裡，親子一起歡度聖誕佳節；(2)「拜訪大樹」子題，我們走訪校園每個角落，幼兒運用感官知覺，認識不同的植物與樹，藉由對環境的觀察與探討，成了小小植物觀察家，進而關懷大自然環境；(3)「小小種植家」子題，幼兒更深入的了解各種蔬果植物，再藉由實際種植體驗，培養幼兒細心觀察之科學精神，也因著種植對生命的尊重，所以有了「生命之歌」子題的誕生，看著生命的孕育，在期待植物長大的過程中，幼兒更加了解生命教育的意義。

在幼兒方面

　　孩子從校園植物拜訪過程中，認識各種不同的植物，從名稱、外觀的認識，到實際探索，孩子對於植物有了不同的體驗，他們學會了用身體、測量工具進行丈量工作，同時發現外在環境條件將影響植物的生長，因此更了解對大自然的愛護是一件非常重要的事情。

　　在植物種植方面，因為讓孩子實際參與，因此每一個小植物的生長都有著孩子關愛與期待，藉由這個歷程，孩子學習付出，也更懂得感恩。

在教師方面

　　對於植物的教學，我們常重視認知概念的傳達，但經由此次教學歷程中發現，我們給予孩子的知識，幼兒透過口語或紙筆評量或許可以回答正確答案，不過真正走訪實際現場時，有時並無法與他們習得的知識與生活做對照，這也更讓教師深切體會，教學是必須與幼兒生活經驗相結合的，這樣的知識學習才更加有意義。

　　在這個主題教學中，從實際的種植、對植物的觀察，到期待植物的長大，這一連串的體驗，就如走入生命教育課程裡，因為和自己生活緊緊相結合，所以幼兒的感受更深刻，也因此生命教育在此推展使孩子更明白其意義所在，因此教學是必須適時適性的。

在家長方面

聽到孩子娓娓描述學校點滴,明瞭孩子對課程學習的興趣與深刻感動,父母更清楚學校的教學內容,也透過這樣的機會,教導孩子尊重生命及責任心的培養。對於老師能讓孩子在實際體驗課程中學習豐富生活經驗,滿是肯定。

總結

《我們的樹》傳達的是感恩的季節,感恩的心以及對大自然環境的關心與愛護,跳脫制式的宣導,走入校園、走入生活,透過實際的親身體驗而習得經驗,這樣的學習方式,是較容易引發幼兒學習興趣的,也因著興趣引發幼兒主動學習、主動探索的科學精神,及主動關懷的生命教育。

↑ 種子觀察記錄

↑ 大家一起分工合作

↑ 這是我們的蔬果園!

↑ 甜甜蔬果園誕生了

十五、教學資源

書籍資源

1. 聖誕派對

書　　　名	出　版　社	書　　　名	出　版　社
我們的樹	上堤文化	快樂耶誕	啟思教育
不一樣的聖誕節	上誼	北極特快車	上誼
真的有聖誕老公公嗎？	漢聲	威洛比先生的聖誕樹	天下雜誌
不一樣的禮物	信誼	誰在敲門	信誼
最好的禮物	智茂圖書	窗外送來的禮物	上誼

2. 拜訪大樹

書　　　名	出　版　社	書　　　名	出　版　社
樹的聲音	米奇巴克	大樹之歌	小魯文化
愛心樹	星月書房	樹爺爺	Time Life
樹真好	上誼	樹木之歌	台英
樹逃走了	大樹文化	森林快逃	狗狗圖書
白鴿少年	格林	蜜蜂樹	遠流

3. 小小種植家

書　　　名	出　版　社	書　　　名	出　版　社
子兒吐吐	信誼	誰要來種樹	信誼
上面下面	三之三	小布種豆子	企鵝
石頭湯	小魯文化	種子戰爭	經典傳訊
嗯嗯太郎	經典傳訊	威斯利王國	和英
蚯蚓的日記	上誼	胡蘿蔔種子	上誼

4. 生命之歌

書　　　名	出　版　社	書　　　名	出　版　社
十顆種子	經典傳訊	神奇的種子	啟思文化
種子哈哈笑	遠流	城市庭園	遠流
錫森林	三之三	花婆婆	三之三
花兒學校	樂山文化	春神跳舞的森林	格林

教師參考書目

書　　　名	出　版　社	書　　　名	出　版　社
繪本主題教學資源手冊（第二版）	心理	童書久久 II	台灣閱讀協會
童書久久 III ——閱讀越有語文力	台灣閱讀協會		

網站資源

1. 文建會　http://children.cca.gov.tw/home.php

2. 繪本花園　http://www.ylib.com/kids/index.asp

3. 繪本分享網站　http://www.nlps.hc.edu.tw/picturebooks/pic.htm

4. 童書榨汁機　http://books.wownet.net/

5. 聖誕歌曲網站　http://www.xmasfun.com/lyrics.asp

6. 聖誕屋　http://www.cathvoice.org.tw/x-mas/

7. 聖誕歌曲網站　http://www.xmasfun.com/lyrics.asp

主題四

小房子

一、書籍簡介

書　名：小房子

作　者：維吉尼亞·李·巴頓

譯　者：林真美

出版社：遠流出版事業股份有限公司

二、內容介紹

小房子每天站在丘陵上看風景。除了日月星辰和四季的變化之外，小房子還看到周圍的景物，隨著挖馬路、開商店、蓋高樓、鑿地下鐵等，而一點一滴的在做改變。結果，小雛菊和蘋果樹不見了，代之而起的是都市的烏煙瘴氣和行色匆匆的人們。還好小房子的主人的孫子的孫子的孫子發現了，她把小房子移到一個有小雛菊和蘋果樹的丘陵上。小房子又回到了它喜歡的鄉下，靜靜的，欣賞大自然的風景。

三、緣起

　　本園位於繁華的台北市中心，由於交通建設的開發及捷運的貫穿，也帶動了四周社區新舊的交替，不管每日是否在學校生活，都能發現學校與社區不同面貌的改變，《小房子》這本圖畫書便是貼切又能連結我們生活的最佳寫照。經由教務會議討論中，我們希望幼兒能從人與我，進而了解人與社會的關係來發展教學單元主題，所以決定用《小房子》來啟發幼兒對生活環境的關心與愛護，藉由環境的改變認識傳統與現代建築藝術之美，也認識每個家裡的空間結構，透過建構的遊戲發展孩子獨特的創意，而孩子也能學習到合作的重要性。對於社區中的人、事、物多一份關心與感恩，不管是扮演或是參觀，讓幼兒知道自己即是社會中的一員，如何盡自己之力感謝為我們服務的人，讓社會更為友善與祥和。

四、教學目標

一、認識城市與鄉村的不同。

二、欣賞世界有名建築物。

三、認識台灣的傳統建築。

四、了解建築房子的材料及方法。

五、學習與別人合作建構房子。

六、了解家中基本的空間結構。

七、認識社區中的人事物。

八、參觀學校附近的古蹟。

五、主題情境佈置

和小朋友賞析繪本《小房子》
後，我們根據繪本內容和小朋友討
論小房子的心願，是讓它回到原來
的場景，有著青翠的草地和森林，
還有新鮮的空氣和湛藍的天空，於
是老師將小房子和周圍的環境用海
綿和壓克力顏料，以點畫方式彩繪
出來，孩子們除了畫出心目中的
樹，還設計出各式各樣不同的車
子，並用多寡不一的同心圓畫出輪
子，這樣的情境就讓全園瀰漫在小
房子安詳寧靜的氣氛裡。

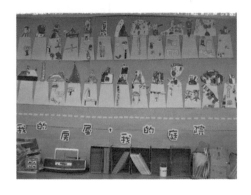

小朋友聆聽了許多和房子有關的
繪本，《橘色奇蹟》讓幼兒不斷的重
複唸著書中主角梅先生的對話：「我
的房子就是我，我就是我的房子，我
的房子是實現我的夢想的地方」，孩
子們也紛紛討論起想設計自己的房
子，於是不同的創意屋和庭院佈景，
就這樣展現在班級的教學情境中。

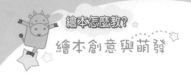

六、教學前概念網

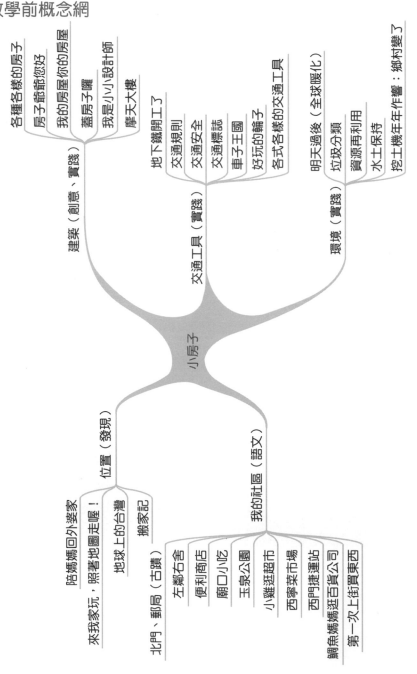

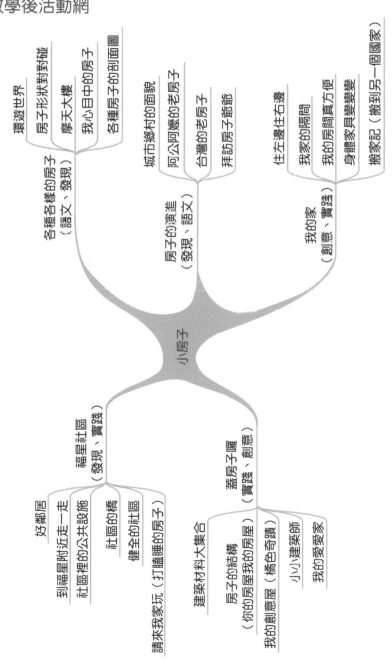

小房子

環遊世界
　房子形狀對對碰
　摩天大樓
　我心目中的房子
　各種房子的剖面圖

各種各樣的房子
（語文、發現）

城市鄉村的面貌
　阿公阿嬤的老房子
　台灣的老房子
　拜訪房子爺爺

房子的演進
（發現、語文）

住左邊住右邊
　我家的隔間
　我的房間真方便
　身體家具變變變
　搬家記（搬到另一個國家）

我的家
（創意、實踐）

好鄰居
　到福星附近走一走
　社區裡的公共設施
　社區的橋
　健全的社區
　請來我家玩（打瞌睡的房子）

福星社區
（發現、實踐）

建築材料大集合
　房子的結構
　（你的房屋我的房子）
　我的創意屋（橘色奇蹟）
　小小建築師
　我的愛愛家

蓋房子囉
（實踐、創意）

4

小房子

八、深化討論

主題繪本：小房子

以「環境的變遷」為架構
原因：小房子原先住在哪裡？
經過：1.季節變化下，小房子四周的自然
　　　　環境發生什麼改變？
　　　2.人們對小房子四周的環境做了什
　　　　麼改變？
結果：環境的改變對小房子造成什麼樣的
　　　影響？
延伸：如果你是小房子會想住在什麼樣的
　　　地方？
延伸活動：社區古蹟巡禮（探訪北門）

以「建築的面向」為架構
原因：小房子是什麼類型的房子？
經過：1.小房子旁邊慢慢地多了哪些建築
　　　　呢？
　　　2.小房子和現代的房子有什麼不
　　　　同？
結果：小房子如何搬離原本住的地方？
延伸：如果你是建築師想蓋什麼樣的建築
　　　物在小房子旁邊呢？
延伸活動：你的房屋我的房屋
　　　　　（立體工創作）

以「城市和鄉村的比較」為架構
原因：1.小房子原本住在什麼地方？
　　　2.小房子周圍有什麼？
經過：1.小房子的四周陸續出現哪些東
　　　　西？
　　　2.城市和鄉村的差別在哪裡？
結果：為什麼小房子要搬家？
延伸：你喜歡住在城市還是鄉村？
延伸活動：城市與鄉村（透明片創作）

以「　　　　　　　　」為架構
原因：1.
　　　2.
經過：1.
　　　2.
結果：1.
　　　2.
延伸：1.
　　　2.
延伸活動：

主題繪本活動實例

教學資源 繪本《小房子》、各國古蹟 PPT、古蹟學習單

教學過程

1. 繪本賞析：小房子。

2. 深化討論：

   (1) 小房子原先住在哪裡？

   (2) 季節變化下，小房子四周的自然環境發生什麼改變？

   (3) 人們對小房子四周的環境做了麼改變？

   (4) 環境的改變對小房子造成什麼樣的影響？

   (5) 如果你是小房子會想住在怎樣的地方？

3. 欣賞各國古蹟 PPT。

4. 社區古蹟巡禮（探訪北門）。

5. 彩繪古蹟學習單。

> 評量
> 〈口頭評量〉會說出自己喜歡居住的環境。
> 〈觀察評量〉能聆聽討論與欣賞 PPT。
> 〈操作評量〉能完成古蹟學習單。

4

小房子

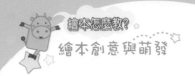
8-3 深化討論紀錄

T： 小房子原先住在哪裡？

S15： 鄉下，有蘋果樹還有池塘、游泳池。

S14： 住在一個很小的山坡，有很多樹。

S10： 鄉下的房子都很矮。

T： 季節變化下，小房子四周的自然環境發生什麼改變？

S30： 因為有春夏秋冬的風景。

T： 人們對小房子四周的環境做了麼改變？

S2： 旁邊有很多火車，還有很多車子，越來越多的車子。

S26： 然後又開始變很多人，路開始越來越長。

S11： 房子越來越多，還有很多高樓。

S28： 蘋果樹都被砍掉了。

T： 環境的改變對小房子造成什麼樣的影響？

S14： 很討厭，因為它覺得很吵，它最愛的環境都不見了。

S30： 很悲傷，因為它的房子很破爛而且它旁邊已經很少人。

S24： 它很難過，因為它旁邊的東西都不見了。

S11： 因為它很喜歡以前的很漂亮的風景，不喜歡現在亂亂的。

S28： 因為它附近的顏色慢慢變少了。

T： 如果你是小房子會想住在怎樣的地方？

S4： 鄉村，因為有樹。

S17： 有花園的地方，因為有花園比較漂亮。

S25： 城市，因為可以從下面看下去很多房子都變小了。

九、活動單元

【環遊世界 & 房子形狀對對碰】

教學資源 認識各國特色建築物 PPT、繪本《各種各樣的房屋》、繪本《房屋》、平房樓房和大廈 PPT、各種形狀的圖卡

教學過程

1. 欣賞各國建築及各種樣式的房子：包含形狀、材料、建築的環境背景等等，讓幼兒除了認識各種不同的房子，還能知道各種房屋的形成有其時代及氣候等相關環境背景。

2. 認識各種形狀：圓形、橢圓形、正方形、長方形、三角形、梯形、圓柱形、立方體、平行四邊形、十字形、八角形。

3. 房子與形狀的配對：老師利用 PPT 將各國代表建築的圖片投影在牆壁上，請孩子從各種形狀的卡片中找出房子運用到的形狀。

4. 字詞遊戲：高樓、大樓、高鐵，老師將字卡貼在孩子身上，孩子將老師說出的指令做出來，例：摸大樓的頭。

評量

〈口頭評量〉1.能參與討論關於房子的相關問題。
2.能說出圖片卡的形狀名稱。

〈觀察評量〉1.能專心欣賞各種 PPT。
2.能認真的參與遊戲。

〈操作評量〉能找出與圖片建築相關的形狀。

⚲ 我指出圓形在哪裡

⚲ 我覺得有這些形狀！

⚲ 我摸高樓的頭

【摩天大樓 & 我心目中的房子】

教學資源 繪本《摩天大樓》、粉紅塔、各國摩天大樓 PPT、各國特色建築物 PPT

教學過程

1. 欣賞繪本中世界的摩天大樓（摺疊書）、概述摩天大樓的名稱及高度。

2. 討論為什麼要有高樓？什麼地方有高樓？建築大樓時應有的穩固度、大樓遇到風時的阻力與阻泥器的用途。

3. 以粉紅塔實際操作積木練習疊高的技巧（與孩子討論什麼樣的堆疊方式最穩固）。

4. 美勞：軟木片創意摩天大樓（半立體）及添加畫。

5. 團體討論：欣賞各國摩天大樓 PPT、認識各國特色建築物 PPT。

6. 畫出心目中的房子。

生成概念 地基對摩天大樓的重要性。

評量	〈口頭評量〉1.能說出摩天大樓的用途。
	2.能說出摩天大樓的所在地。
	〈觀察評量〉1.專心聆聽討論。
	2.能認真創作。
	〈操作評量〉1.能實際操作堆疊粉紅塔。
	2.能畫出心目中的房子。
	3.能用軟木片做出高樓大廈。

⏏ 比比看世界上的摩天大樓

⏏ 疊疊看如何才不會倒

⏏ 風力大考驗

⏏ 我的摩天大樓！

【各種房子的剖面圖】

教學資源 繪本《金字塔》、繪本《城堡》、繪本《世界偉大建築的剖面》、預售屋平面圖、學習單

教學過程

1. 欣賞繪本《金字塔》、《城堡》、《世界偉大建築的剖面》。欣賞建築的結構，討論為什麼要用剖面圖（平面圖）？什麼時候會用到？怎麼看剖面圖（平面圖）？

2. 欣賞預售屋的平面圖。

3. 分享看到了什麼？平面圖是用什麼圖形來畫出家具（或家電）？如果你有個房間你想要有什麼東西？

4. 學習單：我的房間。

評量
〈口頭評量〉1.能說出觀察平面圖後看到了哪些東西。
　　　　　　2.能說出自己的房間想放些什麼東西。
〈觀察評量〉1.能欣賞建築剖面圖。
　　　　　　2.能觀察預售屋的平面圖。
〈操作評量〉能畫出自己房間裡想放的家具及家電。

4 小房子

♪ 金字塔的裡面

♪ 觀賞預售屋平面圖

【城市鄉村的面貌 & 阿公阿嬤的老房子】

教學資源 繪本《哈利的家》、城市鄉村 PPT、透明片、卡紙、麥克筆、膠台

教學過程

1. 賞析繪本《哈利的家》，討論城市與鄉村不同的面貌。
2. 欣賞城市鄉村PPT、阿公阿嬤的房子PPT，介紹城市與鄉村的景象，讓幼兒發表喜歡城市或鄉村，並讓小朋友認識阿公阿嬤的老房子特有的建築形式，例如土角厝、竹管仔厝、石板屋、磚屋、一條龍、單伸手、三合院。
3. 透過參觀萬華剝皮寮鄉土教學中心，認識剝皮寮的歷史及建築特色。
4. 遊戲——老房子圈叉遊戲：將幼兒分為兩組，看著PPT回答關於老房子的問題，覺得對的人就站在○的那一區，覺得錯的就站到×的那一區。加深幼兒對老房子建築形式的印象。
5. 美勞——城市與鄉村：每人兩張透明片及一張卡紙（綠色或藍色），讓小朋友畫出風景圖，其中一張透明片畫鄉村的景象，另一張畫成是城市的景象，三張圖畫好後，將兩張透明片分別貼在風景圖左右兩邊，兩張可互換在風景圖上欣賞。
6. 全班分享與欣賞。

↻ 剝皮寮的拱門下合照

↻ 我們專心聽解說

↻ 愛心媽媽和我們做波浪鼓

生成概念 城市和鄉村有不同的面貌。

評量

〈口頭評量〉 1.能說出兩點以上城市與鄉村的差別。
2.能說出剝皮寮的建築特色（至少一點）。

〈觀察評量〉 1.專心聽解說員介紹剝皮寮的建築特色。
2.能認真製作老房子。

〈操作評量〉 1.遊戲中，85% 的幼兒能選出正確的答案。
2.能畫出印象深刻的老房子。

【台灣的老房子＆拜訪房子爺爺】

教學資源 北門與紅樓歷史簡介 PPT、照相機、擴音器、電腦、投影機、標籤、麥克筆、壓克力顏料、水彩筆、旋轉蠟筆

教學過程

1. 介紹學校附近的的古蹟北門與紅樓，並帶領幼兒實地走訪，進行一場古蹟巡禮。

2. 介紹兩地建築的建材及古蹟過去歷史，欣賞特別的建築形式與知道過去的功能。

3. 討論保護古蹟的意義，讓小朋友了解文化保存的重要性。

4. 觀察古蹟周遭環境的建築和古蹟有什麼不同。

5. 美勞——老房子：以標籤代替磚塊讓小朋友在紙上蓋平面的磚塊老房子，再加以壓克力顏料彩繪出斑駁的樣子。

6. 學習單：學校附近的古蹟。

評量

〈口頭評量〉1.能說出古蹟的名稱。
　　　　　　2.能說出保護古蹟的方法。

〈觀察評量〉1.能仔細觀察古蹟的建材與形式。
　　　　　　2.會遵守參觀的秩序。

〈操作評量〉能將自己參觀過最喜歡的古蹟畫出來。

❶ 我們到北門參觀

❶ 摸一摸北門的石牆

❶ 說出保護古蹟的方法

【住左邊住右邊】

教學資源 置物籃六個、棒棒偶、大小保麗龍球、鈴噹、橡皮擦

教學過程

1. 老師以棒棒偶引導小朋友說出自己是住幾樓，老師並介紹上下樓的概念。

2. 老師請小朋友共同參與棒棒偶的任務，當一個小郵差，幫他送快遞。

3. 將幼兒分為六組進行此活動，每組有一個有隔層的收納盒使其立起像大樓般，並有各種物品，例如橡皮擦等。

4. 由老師出題請各組組員輪流將物品放置至收納盒。

5. 小朋友透過遊戲實際操作後認識樓上樓下及左右鄰居的概念。

6. 學習單：住左邊住右邊——將老師所規定的樓層塗不同顏色（左、右、上、下樓）。

生成概念 知道左右上下的空間概念。

評量
〈口頭評量〉能說出自己住的樓層。
〈觀察評量〉能和別人輪流參與遊戲。
〈操作評量〉1.能依指示將物品放置收納盒。
2.能依題目將物品畫至住左邊住右邊學習單所規定的空格中。

ᕦ 老師手持棒棒偶

ᕦ 幼兒依指示放置物品

ᕦ 分組輪流放置物品

【我家的隔間】

一張沒有隔間的房子圖、一張有隔間的房子圖、房間圖卡、彩色地板膠帶

1. 以手指謠〈這裡就是我的家〉，介紹家中成員在家活動的空間名稱。

2. 觀察沒有隔間的房子圖，討論房子裡少了什麼？

3. 比較沒有隔間的房子和有隔間的房子的差別。

4. 讓幼兒發表想要在自己的房子裡隔出幾種房間。

5. 遊戲——超級比一比：將幼兒分成六組，各組組員輪流表演房間中會做的事情，讓其他組猜一猜到底是在哪個房間，每組在限時中搶答，並將所猜的房間圖卡舉高，猜對的組別加一分。

6. 共同討論如何在教室規劃新的隔間，並分組在教室裡，將彩色地板膠帶貼在教室地板上，貼出房間隔間平面圖。

> 評量
> 〈口頭評量〉能說出在各個房間裡所做的事情。
> 〈觀察評量〉能主動參與搶答活動。
> 〈操作評量〉1.能將在房間所做的事情用肢體動作表演出來。
> 　　　　　　2.能欣賞別人表演動作後，將正確房間圖卡找出來。

↑ 廚房需要洗手台

↑ 貼出房間的隔間

【我的房間真方便 & 身體家具變變變】

教學資源 家具 PPT、音樂 CD、影片〈西瓜皮的一天〉

教學過程

1. 欣賞狀況劇：引導小朋友發現房間有哪些家具不見了？

2. 讓幼兒發表自己的家有什麼樣的房間，並有哪些設施與家具？

3. 欣賞家具 PPT 討論家具的功能有哪些？

4. 肢體遊戲：請小朋友欣賞某一樣家具 PPT 後分為兩組，例如題目客廳的家具，其中一組小朋友用肢體創作出各式各樣的客廳的家具，先由個人再二、三人一起組合，進而多人一起組合家具的形式，另一組欣賞後再互換。老師在過程中訪問幼兒所變的家具功能與操作方式。

5. 讓幼兒發表表演的心得。

> **評量**
> 〈口頭評量〉能說出在各房間的家具名稱與功能。
> 〈觀察評量〉能和別人一起參與討論。
> 〈操作評量〉能將在各房間的家具用肢體動作表現出來。

↑ 我們變成床鋪

↑ 我們變成洗衣機

↑ 我們是按摩沙發

【搬家記《搬到另一個國家》】

教學資源 繪本《搬到另一個國家》PPT、搬家的物品圖卡、分類板

教學過程

1. 繪本賞析《搬到另一個國家》PPT，討論書中主角為什麼要搬家？

2. 討論搬家時可以帶走哪些東西或有哪些東西不能帶走？

3. 讓幼兒發表如果自己要搬家最想帶走什麼東西。

4. 遊戲：將搬家可帶走或不能帶走物品圖卡分類在分類板上。

5. 學習單：畫出搬家需要的東西。

6. 分享活動。

評量
〈口頭評量〉能說出主角搬家的原因。
〈觀察評量〉1.能專心聆聽故事。
2.能主動舉手發言。
〈操作評量〉1.能畫出自己搬家所要的東西。
2.能分類不同物品。

○ 討論搬家要搬什麼

○ 想搬什麼東西呢？

【建築材料大集合 & 房子的結構《你的房屋我的房屋》】

教學資源 繪本《你的房屋我的房屋》、繪本《蓋房子囉！》、室內相關的裝潢材料（夾板、冷氣管、木料、大理石、塑膠地磚、把手、磚塊、瓷磚、紗窗、木頭地板、電線、第四台線等）、字卡（裝潢材料名稱）、各種盒子、膠水、色紙、各種紙材

教學過程

1. 繪本《你的房屋我的房屋》（漢聲），討論房子的基本構造與功能，如：屋頂、柱子、牆壁、門、窗戶、地板、屋頂、廚房、浴室、臥房等等。

2. 蓋房子囉！（大科學），討論蓋房子的順序、為什麼要這樣蓋？為什麼需要地基？使用到的建築材料、建築物完成後相關的室內裝潢。

3. 老師拿出室內裝潢材料與字卡，讓孩子猜猜看用途及說明放在家中的什麼地方？

4. 裝潢材料與字卡的配對遊戲。老師將字卡拿起並唸出來，請幼兒進行配對。

5. 讓幼兒用盒子（牛奶盒等）創意各種房子。

生成概念 材料影響房子的結構。

評量
〈口頭評量〉1.能參與討論房子的基本構造與功能。
2.能說出裝潢材料運用在家中的什麼地方。
〈觀察評量〉能聆聽討論內容。
〈操作評量〉能將裝潢材料與字卡進行配對。

👂 我在創作房子

👂 完成的牛奶盒創意屋

👂 認識建築材料

【我的創意屋《橘色奇蹟》】

教學資源 教師自製立體繪本大型書《橘色奇蹟》、書中主角棒棒偶、麥克筆、色紙、粉彩紙

教學過程

1. 老師利用自製立體繪本大型書《橘色奇蹟》，講述故事內容時配合操作書中主角棒棒帶領幼兒融入書中情節，跟著梅先生說：「我的房子就是我，我就是我的房子，我的房子是實現我的夢想的地方。」
2. 深入團討書中內容，讓幼兒發表自己想要創造的夢想房子。
3. 讓幼兒操作立體繪本大型書《橘色奇蹟》，複述橘色奇蹟故事或改編故事內容。
4. 美勞──創意屋：利用麥克筆、色紙、粉彩紙將自己夢想的房子造型畫出來後並剪下來，設計屬於自己的庭院。
5. 將自己的橘色奇蹟夢想房子展示在教室的壁面上，以供欣賞。

評量
〈口頭評量〉能複述書中主角最常說的話。
〈觀察評量〉1.能專心聆聽故事。
2.能主動參與討論。
〈操作評量〉1.能操作書中主角棒棒偶說故事。
2.能製作自己的夢想房子。

↻ 老師自製立體繪本大型書

↻ 用棒棒偶和幼兒互動

↻ 我的創意屋

4 小房子

【小小建築師＆我的愛愛家】

教學資源 音樂 CD、麥克風、玩具鎚子三支、平衡木三個、呼拉圈九個、軟性積木、滑板三個、紙箱、各種紙類（瓦楞紙、紙藤、皺紋紙、色紙……）、剪刀、麥克筆、彩色筆、單槍、電腦、房間陳設 PPT

⊙ 討論愛愛家有什麼隔間

教學過程

1. 體能遊戲——小小建築師：幼兒分為兩組模仿建築師蓋房子的動作，釘一釘（拿玩具鎚子到平衡木敲一下）、疊高高（再把軟性積木推疊在平衡木上）、拆房子（輪流趴在滑板上至平衡木將積木拿回原位）。過程中配合音樂製造歡樂氣氛。

⊙ 做遊戲間的溜滑梯

2. 滿足幼兒想要在自己教室蓋一個愛愛家，欣賞房間陳設 PPT，並分組討論畫房子隔間內所需的物品，自由選擇組別（例：客廳組）及推選小組長，分組報告及決定用什麼材料製作。

3. 經過全班討論過後利用環保素材，幼兒決定以垃圾袋當玻璃隔間牆及房門，並用紙箱、各種紙類製作立體家電和家具。

4. 立體家電和家具製作完成後，每組輪流報告家電和家具的使用方法和擺設的位置。

5. 讓幼兒實際在愛愛家辦家家酒。

6. 當進行下個活動時，將所有立體家電和家具黏貼於教室牆壁並註記其名稱，讓幼兒非常有成就感。

評量

〈口頭評量〉1.能在各組中說出自己的意見。
　　　　　　2.能說出想要在愛愛家所要製作的立體家電和家具。

〈觀察評量〉1.能主動參與討論。
　　　　　　2.能根據自己的喜好選擇組別加入。

〈操作評量〉1.能利用環保素材製作立體家電和家具。
　　　　　　2.能在愛愛家組合及擺設立體家電和家具。

【好鄰居 & 到福星附近走一走】

教學資源 左右鄰居教具（分四個樓層，每一樓層各有四戶人家，每戶人家與動物以魔鬼粘黏貼）

⊙ 動物好鄰居教具

教學過程

1. 分享和左右鄰居的互動。
2. 學習上下左右的概念，綜合所有概念，拿出教具與幼兒討論如果是二樓右邊數過來第三間是哪一戶人家？
3. 將動物都撕下來並出題考幼兒。例如：請幫我把鯊魚放在三樓右邊數過來第一間。
4. 戶外教學——社區巡禮。與幼兒討論觀察重點，如：建築、公共設施、商店類型、社區服務的行業及人員。

評量
〈口頭評量〉1.能說出與左右鄰居的互動。
2.能說出社區參觀時觀察到的人事物。
〈觀察評量〉1.能聆聽團討的相關內容。
2.能分辨左右邊。
3.能觀察社區事物並與身邊幼兒討論。
〈操作評量〉能拿著圖卡正確的放在老師說明的位置。

⊙ 依指示將動物貼在位置上

⊙ 認識公共設施

⊙ 到福星附近走一走

小房子

【社區裡的公共設施 & 社區的橋】

教學資源 社區參觀時的照片 PPT、繪本《橋的孩子》、在圓木橋上搖晃、各種相關的美勞材料（膠帶、雙面膠、彩色膠帶、卡紙、吸管、毛線、保麗龍球、通草、毛根……等）

⚬ 社區探險家和幼兒互動

教學過程

1. 欣賞社區參觀時的照片 PPT：建築、公共設施、商店類型、社區服務的行業及人員。討論什麼是公共設施、為什麼要公共設施、有什麼商店類型。

2. 老師盡可能提供相關的美勞材料，讓孩子自由創作社區裡的公共設施。

3. 欣賞繪本：《橋的孩子》。討論：你們家附近有橋嗎？在繪本裡，提到哪些橋？你印象最深刻的橋是什麼？為什麼要有橋呢？為什麼不同的地方有不同的橋？你見過哪些橋？

⚬ 依興趣選組製作公共設施

4. 各式各樣的橋（PPT）：介紹世界上不同的橋。討論橋的功能、文化與故事。

5. 繪本《在圓木橋上搖晃》。讓孩子利用自己的身體模仿橋的形狀和其他幼兒共同搭成橋的樣子。平衡木遊戲：以各種方法通過平衡木（側著走、直著走、帶球滾、爬行、猜拳達陣對抗遊戲）。

⚬ 小組製作停車場告示牌

6. 討論橋的形狀和如何支撐，讓孩子分組自由創作各種形式的橋，並測試耐用程度。

生成概念 橋在生活上的功用。

評量

〈口頭評量〉1.能說出參觀時觀察到的公共設施。
　　　　　2.能參與討論橋的相關問題。

〈觀察評量〉1.能專心欣賞相關的繪本和 PPT。
　　　　　2.能和同伴合作討論如何製作橋。

〈操作評量〉1.能完成平衡木遊戲。
　　　　　2.能動手操作完成公共設施及橋的相關作品。

【健全的社區】

教學資源 三張全開壁報紙、奇異筆、孩子之前用盒子製作的房屋、橋、公共設施等

教學過程

1. 將三張全開壁報紙相連成一塊社區區域，組合之前用盒子製作的房屋，形成愛愛大社區。

2. 全班討論社區的道路、公共建設（例：醫院、警察局、消防隊等）的位置，並在愛愛社區中畫出來。

3. 分享製作的橋及公共設施（垃圾筒、紅綠燈、郵桶、停車場、路燈等等），討論要放在哪裡？如何保護公共設施？，並實際由孩子黏貼。

4. 討論社區中為我們服務的人，工作項目及工作性質，製作相關人員，並加在愛愛社區中。

5. 對社區服務人員表達感謝。

> **評量**
> 〈口頭評量〉1.能分享自己製作的成品。
> 　　　　　　2.能對社區服務人員表達感謝。
> 〈觀察評量〉能專注的聆聽（或加入）討論議題。
> 〈操作評量〉1.能參與設置公共設施。
> 　　　　　　2.能製作相關的社區服務人員。

　加入公共設施的社區

　加入服務人員的社區

　溫馨的社區完成囉！

小房子

十、學習單

學習單　**小小建築觀察家**

班級：＿＿＿＿＿＿　姓名：＿＿＿＿＿＿

◎ 親愛的小朋友，今天你擔任小小建築觀察家，認識了學校附近的建築物，請你將小組討論分享的建築物彩繪下來與我們分享。

第＿＿組　觀察建築名稱：＿＿＿＿＿＿＿＿

◎ 我喜歡這棟建築物的原因：

□ 顏色鮮豔特別　　□ 外牆形狀特殊　　□ 樓層高低大小　　□ 外觀漂亮

□ 其他：＿＿＿＿＿＿＿＿＿＿＿＿＿＿＿＿＿＿＿＿＿＿＿＿＿

學習單　模型屋

請先將房子的隔間畫出來，再將以下的家具剪下來，貼到你所設計的房間中，如果家具不夠還可以用畫的喔！

學習單　我的房間

小朋友，想要你的房間裡有什麼東西呢？請設計出夢想中的房間！

小朋友！你知道這些商店裡是賣什麼嗎？幫他們找到正確的地方喔！

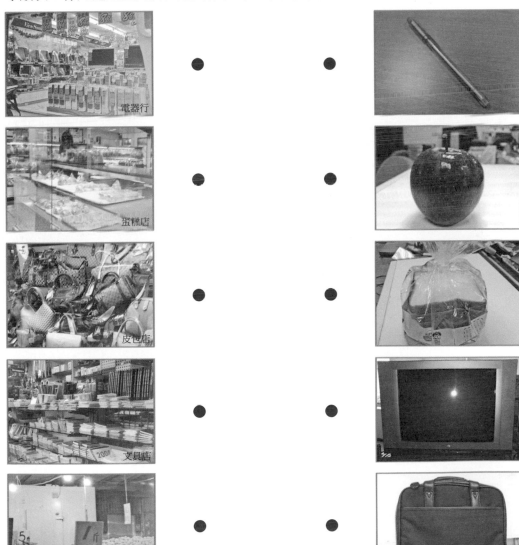

電器行

蛋糕店

皮包店

文具店

水果店

4

小房子

學習單 超級送貨員

小朋友!超級送貨員有以下的任務喔!第一個是要送貨給福星國小,福星國小的地址是:**台北市萬華區中華路一段 66 號**,哪一個才是正確的呢?請把正確的塗上顏色喔!

萬華區	中華路一段
	66

萬華區	中華路二段
	66

● 任務二:你知道街上的門牌有分單號和雙號嗎?請幫沒有門號的房子寫上數字喔!

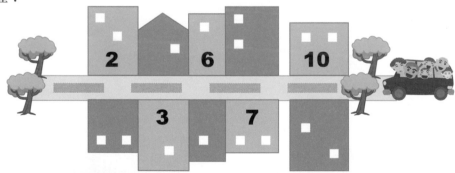

● 任務三:請幫忙將右邊的蛋糕、小熊及飛機送到正確的家!

3 樓			
2 樓			
1 樓			
	之 1	之 2	之 3

	3樓之1
蛋糕	

	2樓之2
小熊	

	1樓之3
飛機	

天馬行空我的家

班級：_____ 姓名：_____

◆◆◆◆◆◆◆◆◆◆◆◆◆◆◆◆◆◆◆◆◆◆◆◆◆◆◆◆◆◆◆◆◆◆◆◆◆

◎ 小小建築師們，請你想一想有哪些體能器材可以用來蓋房子呢？在下面格子裡，
一一的畫出來。

◎ 請你畫出小組創作的房子，用筆彩繪下來與我們分享。

4

小房子

◎ 我想說的話：

_____

_____

學習單　搬什麼好呢?

小朋友，請你畫出搬家時你最想帶走的東西。

 學校附近的古蹟

我們參觀了學校附近的古蹟，有北門、郵局、媽祖廟、紅樓、剝皮寮，你還記得它們的樣子還有功能嗎？你最喜歡的是：北門、郵局、媽祖廟、紅樓、剝皮寮（請圈出來），並請把你最喜歡的古蹟畫下來！

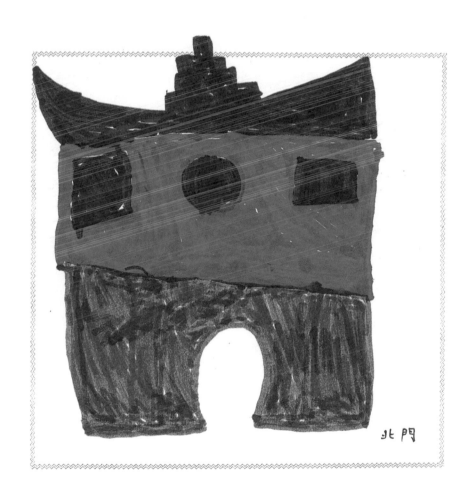

北門

身體家具變變變

我們今天用身體變了許多家具，請你試著畫出來，並請老師幫你寫出和你一同合作的好朋友。

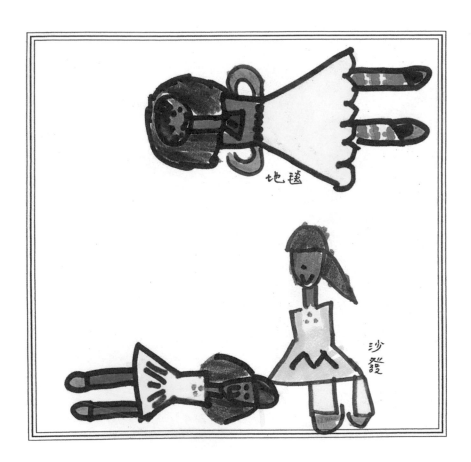

地毯

沙發

 **來我家照著地圖走**

　　如果你要邀請朋友到你家，你會怎麼畫地圖呢？請你在下面的框框中畫出從學校到你家的地圖，記得畫出大家都知道的建築物喔！

4

小房子

十一、你還可以這樣教

活動一：房子的由來與演進

○ 你的房屋我的房屋

運用教具「你的房屋我的房屋」介紹房子的由來與演進，並討論房子的功用，發表不同設備具有什麼功能？接著參觀學校附近的房子，觀察建築物之特色，有了上述經驗後孩子們開始畫自己的房子，每棟房子都很有特色呢！

○ 我是小小設計師

活動二：房間的小祕密

由無家可歸的流浪漢話題，談房子的重要性。再透過「房間設備與功能圖卡」介紹房屋擺設，討論並發表家裡有哪些空間？說出名稱及擺設。接著展開「家具找一找」活動，延伸活動則請幼兒為自己的房子做室內設計。

活動三：阿嬤的房子

由繪本《樓上的外婆和樓下的外婆》請幼兒發表到外婆家的經驗，接著老師介紹城市與鄉村的優點與特色，最後進行票選活動，計票時帶入數概念。這個活動最讓老師覺得不可思議的是幼兒發表時爭先發言，而且內容頗有深度。

○ 城市鄉村票選活動

活動四：小房子逃走了

○ 孩子踴躍發言

由透明繪本《小房子逃走了》引入主題，請幼兒發表為什麼小房子要逃走？藉此和幼兒討論有關環境保護的重要性，為了身體力行，幼兒扮演起環保小尖兵到校園撿拾垃圾。延伸活動則回家做垃圾分類及美化環境的工作。

活動五：親親小社區

幼兒決定將所創作的各種立體房子建構成「親親小社區」，建構完畢後，再觀察社區裡還少了什麼？經熱烈討論後「車站、便利商站、麥當勞、加油站……」等構想通通出現了，幼兒又展開另一波的創作。

○ 合力建構親親小社區

○ 我們是小小建築觀察家

活動六：小小建築觀察家

透過繪本《小房子》賞析活動，幼兒走訪社區，認識學校附近的建築物。經小組討論後，將想了解的建築物，用相機鏡頭記錄下來，開始對該建築的外觀、形狀、顏色、功能做探討，再利用「小小建築物觀察家」海報及學習單，分享建築物特色和觀察心情。

活動七：我們的社區

幼兒在圖畫紙的四邊，營造出對外開放的街道，透過討論將彼此的圖畫串聯，形成一個新的街道圖，再加入各種建築物、公共設施及景觀，變成了一個小社區，為此社區做命名活動，最後分享其特色。

○ 這是我們的社區

○ 我們創意作品～棒！

活動八：創意建築師

賞析不同的繪本，了解房屋的演變、不同國家房屋的特色，這些先備經驗，讓幼兒想要創造出一個與眾不同的房子，以體能器材為元素，建構出千變萬化的建築物，各小組使出渾身解數展現其特色，吸引別人的目光，頓時間幼兒成了最佳「創意建築師」。

活動九：小人國之旅

透過繪本《你的房屋我的房屋》賞析活動，幼兒認識房屋的組成元素，對房屋有了初體驗；小組決定利用樂高積木實現搭建房屋的夢想，堆疊出一棟棟各形各色的小房子，加入景觀營造小房子呈現不同風貌；在聆聽各小組的介紹歷程中，彷彿經歷一場「小人國之旅」。

○ 這裡是我們住的房子

○ 新居落成「起雞」囉！

活動十：歡迎來我家

透過繪本《小莉的家》賞析活動，幼兒期待有個屬於自己的家，於是開始從事建構活動，幼兒從做中學習發現問題並尋求解決方式；新家落成時，幼兒辦了一場慶祝party，並將新居落成之習俗融入其中，邀請園內師生共襄盛舉。

活動十一：我們的社區

將學校四周的建築物拍攝下來，與全班進行討論建築物的名稱與功用。之後全班分成兩組選出與製作建築物的海報，並推派幼兒代表介紹最喜歡的建築物的特色、功用以及建築物與自己的關係。

➊ 大家都有不同想法

活動十二：橘色奇蹟

➊ 我家的路

藉繪本《橘色奇蹟》與幼兒討論並建構屬於自己的家與週邊道路。幼兒透過不同材料的組合創造出一間屬於自己的房子，決定房子要蓋在哪一塊土地，並決定路要通道哪些地方，完成蜜蜜社區。

活動十三：西門町大發現

探訪學校周邊社區——西門町，觀察西門町的商店與紅樓劇場。探訪中並觀察每一間商店不同的功能、招牌與擺設，最後參觀百年紅樓，聽導覽的阿姨與我們介紹紅樓中許多祕密喔！

➊ 百年紅樓前的我們

活動十四：蜜蜜小屋

➊ 我們的商品屋

參觀西門町後，與小朋友討論最喜歡什麼商店，向幼兒介紹迷你樣品屋、並參觀樣品屋，接著進行材料使用說明，讓幼兒進行分組，小組確定後著手討論、設計，並進行分工合作與製作。

活動十五：蜜蜜商店街

與幼兒討論接下來的活動——開商店，並討論開商店的數目、每組幼兒的人數，各組討論商店的名稱、內容、需要的材料、服裝並著手製作。經過約兩個禮拜的製作後，各組介紹商店，決定商店販賣的方式，實際扮演老闆與客人。

➊ 買東西囉！

合作設計模型屋

活動十六：模型屋

利用「戳戳樂」的紙盒，分組討論出「隔間」，並隔成四至五個空間。再以黏土捏塑各種家具、家電及設備，放置在適當的房間，使其成為漂亮、溫馨的模型屋。

活動十七：會動的家具

觀賞默劇影片，激發孩子的表演慾望及創意，以肢體表現家中的家具特色與操作方式，讓孩子在想像與展現中感受到家具的功用，並在同儕互動中獲得腦力激盪與合作表演的樂趣。

歡迎來浴缸洗澡

活動十八：我會蓋房子

我們在兩層樓的樓梯間完成二樓建築及室內設計。一層為西式，包含客廳及廁所，一層為日式，包含廚房、房間、書房等。以紙箱及各式紙箱為基本材料，加入各種創意及素材，同心協力製作出極精緻、可出入及操作的空間。

樂樂小屋精彩可期

活動十九：社區一家親

以《三個強盜》（信誼）的故事，引領孩子去觀察感受人口的繁衍、房屋的增建及社區的擴大，終成為一個有情有愛的大社區。因此分組以大海報貼上三個「黑帽子」城堡，再以色紙摺出來的房子自由去拼組各式房屋，陸續張貼在城堡四周，形成一個熱鬧繁華的大社區。

建構歡樂繁華大社區

活動二十：樂樂大富翁

帶領孩子參觀西門町附近的建築物及商店，引導孩子觀察認識各種建築的特色，再蒐集「麥當勞」兒童餐的紙盒，發揮創意設計立體房屋。以「大富翁」的理念、遊戲模式，將全班的房屋擺置在寬敞的地板上，輪流以骰子行進及完成「超級任務」。

歡迎來闖關

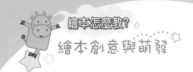

十二、多元統整

【打瞌睡的房子】

我們希望藉由這個統整活動，讓孩子認識學校環境的方位，並一起畫出邀請卡的地圖，故事中融合了《打瞌睡的房子》和《來我家玩，照著地圖走喔！》。全園師生必須隨著場景的變動變換方位，並與主人翁產生互動，認識學校附近主要的道路與建築物，完成邀請卡中的地圖，一同到打瞌睡的房子去探險，度過一個不一樣的慶生會，並延伸五個領域的闖關活動，讓師生體驗多樣性的統整活動。

教學資源

1. 情境佈置：以打瞌睡的房子和一張小床為佈景，地板用膠帶貼出學校附近的主要道路。
2. 道具：各種具代表性的立體房子（北門、紅樓、福星國小、打瞌睡的房子）、絨毛狗、貓、老鼠、跳蚤、投影機、投影片、麥克筆、邀請卡、床、椅子、表演服裝。
3. 繪本：《打瞌睡的房子》、《來我家玩，照著地圖走喔！》
4. 其他：鄉下老鼠（音樂）。

教學過程

1. 引起動機：小靜靜發 E-mail 給小伶伶，請小伶伶欣賞各國著名建築和城市鄉村的 PPT。
2. 發展活動──戲劇：來我家玩，照著地圖走喔！
   (1) 小靜靜生日到了，想邀請小伶伶到家裡玩，讓觀眾在投影片上共同畫出邀請卡的地圖。
   (2) 大家一起看著地圖陪小伶伶走到小靜靜家。
   (3) 小伶伶和小靜靜一起到打瞌睡的房子探險。
3. 綜合活動：
   (1) 闖關遊戲：

① 空間規劃師（多元）：利用樂高建構與扮家家酒遊戲。

② 爬梯蓋樓房（體能）：在爬梯前疊粉紅塔，看誰膽大又心細。

③ 拼貼合作畫（美勞）：全園幼兒利用多元媒材創作拼合作畫房子。

④ 拼圖我最行（邏輯）：三人小組拼建築圖片。

⑤ 城市與鄉村（認知）：將城市與鄉村的圖片分類排在字卡下面。

(2) 頒獎與律動：

① 律動：鄉下老鼠。

② 頒發闖關完成獎品。

↷ 我來畫地圖！

↷ 大家一起想辦法！

↷ 全園完成房子大壁畫

↷ 我們在玩拼圖！

↷ 空間規劃師

↷ 「鄉下老鼠」律動

↷ 頒獎啦！

十三、幼兒綜合學習評量

主題名稱：小房子　　　　　　　　　　班別：_____　姓名：_____

項目	評 量 內 容	評 量 結 果					
		優異		良好		加油	
		起始	總結	起始	總結	起始	總結
認知發展	1. 能說出三種以上的建築物名稱						
	2. 能說出城市與鄉村的不同						
	3. 能說出建造房子的順序						
	4. 能說出三種以上的建材						
	5. 能說出五種路上的交通工具						
	6. 能說出一種愛護社區的方法						
情意發展	1. 能用心觀察、感受社區的感覺						
	2. 能喜愛與愛護自己的社區						
	3. 知道污染對環境的傷害						
	4. 知道紅綠燈的功能						
	5. 能遵守交通規則						
	6. 能欣賞別人房子設計圖						
技能發展	1. 會排隊上下車						
	2. 能和同學分工完成社區建構圖						
	3. 能利用紙箱製作房子						
	4. 會辨別簡易的交通號誌						
	5. 能說出學校的所在位置						
	6. 會幫忙資源回收						

老師的話：

老師簽名：_____

家長的話：

家長簽名：_____

十四、教學省思

　　生活在都市叢林長大的孩子，很難認知建設是如何改變了我們的生活環境，我們藉由《小房子》擬人化的內容，和孩子探討居住的環境，鄉村與都市的面貌，並參觀各式古蹟讓孩子用眼睛去觀察，比較過去與現代建築的不同與功能，發展延伸多元活動讓小朋友體驗建築的樂趣與藝術，由人我之間的關係進而關心我們生活中的社會變遷，愛自己也愛我們的環境。

　　教學後我們發展五個子題：各種各樣的房子、房子的演進、我的家、福星社區、蓋房子囉！希望孩子從欣賞各種不同文化及環境需求的房子開始，進而了解到台灣房屋形式與社會文化的變遷。而從家裡的陳設、家具的功能談起，到房子的結構與建築材料，幼兒開始去認識與思考自身的環境及需求，與家息息相關的便是我們周遭的社區、服務我們的各種行業的人……。

　　因為地利之便，參觀的進行包含了古老街道（剝皮寮）、城門（北門）、廟宇（媽祖廟）、歷史建築（郵局、紅樓）等等，孩子除了平時在台北隨處可見的都市建築，也逐漸對於拱門、騎樓、木窗、屋簷、紅磚等有了基本的認識，在繪畫的時候對於建築形式與風格的表現上，明顯的趨於多元。許多家長在和老師分享孩子的近況時說，孩子現在行經台北市的街道，有時會開心的跟爸爸媽媽介紹這是紅樓、那個是北門、這是紅磚蓋的房子。會注意到房子的牆是用碎石子、或者是大理石貼上的，注意每棟房子的外觀構造的特徵，如：窗戶，有的是大落地窗、有的是小扇窗戶；如：進出的門，有的是木製、有的是雕刻著美麗圖騰的門、有的則是電動鐵捲門；如：房子的高矮、獨棟的房子，甚至連鋪在馬路上的、屋內的地磚，孩子都開始注意到它們的不同處。也有孩子在回爺爺奶奶家時會說，阿公阿嬤住的是鄉村很多平房，我們住在都市到處都有高樓大廈。

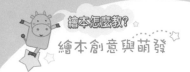

談到家裡的隔間和家具時候,孩子能侃侃而談自己想法,也能在建構愛愛家及愛愛社區的時候,利用身邊的環保素材,做出隔間及夢想中的家具、家電、社區公共設施等等。例如:孩子製作的椅子是真的能坐上去的,電視機除了功能按鍵,還有遙控器和遙控器收納盒,孩子們還得排隊看電視呢!也有許多孩子忍不住拉著家長一定得來參觀我們的愛愛家,讓家長也感染了愛愛家「新居落成」的喜悅。

雖然已換下一個主題,仍還有孩子忍不住用家中的積木、塑膠軟墊開心的蓋起不同樣式的房子,並睡在自己蓋的房子裡,玩的很開心,對小房子的活動仍餘味猶存。讓老師深深的感動,安排多元活動,讓孩子參觀、討論、分組共同建構體驗建築的基本原理,欣賞建築藝術外,孩子們由簡而繁的認知,我們住的房子並不是只有簡單的四片牆而已,還有滿屋子的愛,一個溫暖又幸福的家。

↻ 家長分享女兒在家蓋房子

↻ 利用塑膠軟墊搭牆

↻ 蓋好完成圖

↻ 我要睡這裡

十五、教學資源

書籍資源

1. 建築

書　名	出版社	書　名	出版社
蓋房子囉！	大科學	城市	理科
紙做的城堡	三之三	金字塔	理科
藏起來的房子	三之三	城堡	理科
人類的住屋	牛頓	房屋	理科
空間之旅	牛頓	三隻小豬	幼福
金字塔	台英	台灣建築百年	室內雜誌
房子爺爺您好	向上	大房子變小房子	風車
台灣傳統建築之美	光復	小房子	遠流
挖土機年年作響：鄉村變了	和英	藍房子	遠流
好想看世界的神聖之地	和融	世界建築名作	遠流
橘色奇蹟	遠流	我的房屋你的房屋	漢聲
建築師傑克	信誼	我會畫房子	親親文化
我會蓋房子	信誼	各種各樣的房屋	維京國際
房子，再見	信誼	亨利蓋了一座小木屋	維京國際
建築的藝術	理科		

2. 社區

書　名	出版社	書　名	出版社
陽光屋	小天下	沙拉和魔法的店	台英
小仙子逛大街	小天下	阿吉大鬧廚房	台英
小雞逛超市	小魯	小凱的家變不一樣了	台灣麥克
回到世界上最美麗的村子	小魯	小老鼠找新家	信誼
鯛魚媽媽逛百貨公司	小魯	逃家小兔	信誼
馬戲團來到我的村子	小魯	逛街	信誼

書　　　名	出版社	書　　　名	出版社
魯拉魯先生的庭院	小魯	我和我家附近的野狗們	信誼
幸福的大桌子	小魯	哈利的家	信誼
媽媽的紅沙發	三之三	我的好夢床	和英
叔公的理髮店	三之三	家	和英
外公的家	上誼	叩叩叩	東方
妖怪的床	經典傳訊	汪汪的新家	愛智
小房子的願望	飛寶國際	十四隻老鼠大搬家	漢聲

3. 位置

書　　　名	出版社	書　　　名	出版社
曼先生的旅行	三之三	樓上的外婆和樓下的外婆	台灣麥克
獨自去旅行	大穎	城市的地底下	理科
十個人快樂的搬家	上誼	陪媽媽回外婆家	星月書房
打瞌睡的房子	信誼	最美好的家	星月書房
搬到另一個國家	信誼	八歲‧一個人去旅行	遠流
來我家玩，照著地圖走喔！	信誼	在圓木橋上搖晃	維京國際
從太空看地球	台英		

網路資源

1. 文建會兒童會館 http://children.cca.gov.tw/topic/

2. 觀光局 http://www.taiwan.net.tw/lan/Cht/search/index.asp

3. 交通安全入口網 http://168.motc.gov.tw/GIPSite/wSite/mp

4. 世界地圖 http://www.tripshop.com.tw/index/map01.html

5. 台灣電子地圖 http://www.map.com.tw/

6. 格林繪本網 http://www.grimmpress.com.tw/read/flashbooks.asp

7. 忠孝國中交通安全教育網 http://www.chjh.hcc.edu.tw/raffic/attention_1.html

8. 台北監理所兒童網頁 http://www.tmvso.gov.tw/Child/Child04.htm

9. 交通工具 http://140.111.34.46/cgi-bin/jdict/loadpage1.cgi? file=5

10.教學圖片庫 http://www.ednoland.com.hk/ednolandweb/tcard/TR.htm#

11.內政部兒童局 http://www.cbi.gov.tw/child_version/

12.兒童環保教育網站 http://www.epa.gov.tw/children/index.htm

13.交通安全教育網 http://content.edu.tw/primary/traffic/tn_dg/safemain.htm

14.萬華區公所（萬華古蹟）http://www.waha.taipei.gov.tw/cgi-bin/SM_theme?
page=437d7626

小房子

我們的媽媽在哪裡

一、書籍簡介

書　名：我們的媽媽在哪裡

作　者：黛安‧古迪

譯　者：余治瑩

出版社：上堤

二、內容介紹

　　一天，媽媽帶著兩個孩子來到車站，突然一陣風吹了過來，媽媽的帽子飛走了。媽媽交代孩子在車站等，只是等了好久還不見媽媽回來，兩位小朋友害怕的哭了起來。這時一位好心的警察叔叔走了過來，於是一段充滿趣味的尋母記就此展開。

　　在你孩子的眼中，媽媽是什麼樣的一個人呢？一定和故事中的小主角有一樣的感覺吧！覺得媽媽是最美麗、最強壯、最有智慧、聲音最美妙、廚藝最棒、面對恐懼最勇敢、頭腦最聰明的及最令孩子感到安心與驕傲的吧！故事除了有趣之外，每一頁都很讓人賞心悅目喔！因為故事的舞台是在法國巴黎，法國人的優雅與浪漫，藉由黛安‧古迪柔美的畫風，讓人更加印象深刻呢！十足歐洲風的繪本，很特別，也很值得推薦。

節錄自「小書蟲童書坊」http://www.kidsbook.com.tw

三、緣起

　　黛安‧古迪一直想要創作一本特別的圖畫書，獻給法國籍的媽媽。她說：這本書表達了媽媽在孩子心目中永遠完美的形象，無論是在孩子的眼裡或是心裡，媽媽都是最棒最美麗最勇敢的……。

　　古迪曾經創作過許多精彩的圖畫書，榮獲無數大獎，包括美國凱迪克大獎等。戲劇化又典雅的巴黎場景，襯托出四個令人印象深刻的主角：兩個走失的小孩，好心的警察叔叔和世界上最美麗的女人——媽媽。

　　這本繪本也傳達出媽媽在小朋友心目中的形象——就像繪本中小姊弟所說：「她是世界上最美麗的女人」、「她很強壯」、「她會讀很多書」、「她的聲音很好聽」、「她會煮最好吃的菜」、「她很勇敢」、「她很聰明」，一字一句的勾勒出媽媽的完整形象。

四、教學目標

一、了解自己是從哪裡來的。

二、了解母親節的由來及母親的偉大。

三、認識各行各業的名稱與工作內容。

四、培養幼兒感恩父母、孝順父母的情操。

五、培養幼兒主動關懷他人的情操。

六、建立幼兒尊重各行各業工作內容的態度。

七、增進運用各種素材創作的能力。

八、增進協助父母分擔簡易家事的能力。

五、主題情境佈置

在故事中，主角與媽媽走失時，透過對媽媽不同的描述，展開一場找尋之旅；當故事的情節發生在生活中，幼兒該如何向別人介紹自己的媽媽呢？我們在大情境上，放入繪本兩位主角，而媽媽則是以黑白線條的方式呈現，讓幼兒有無限的想像空間，於是幼兒嘗試描述自己心中媽媽的形象，並結合媽媽畫像彩繪活動，產出多位形象不同的媽媽，以此營造出繪本中，在茫茫人海中找尋媽媽的畫面情節。

對媽媽表達謝意的方式有很多種，動手做一份禮物給媽媽，對於幼兒來說是既容易又直接的表達方式，先藉由小組活動營造出不同形象的媽媽，再讓幼兒把想送給媽媽的禮物，運用各種美勞素材發揮創意，製作出各種立體的禮物，將作品佈置於海報中媽媽的身上，營造出「給媽媽的禮物」情境佈置。

六、教學前概念網

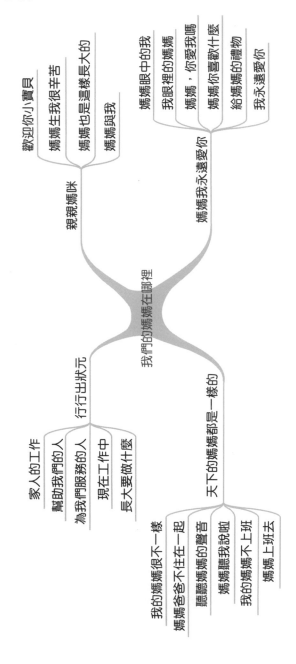

七、教學後活動網

我們的媽媽在哪裡

我從哪裡來（發現）
- 生命的形成與誕生
  - 懷孕真辛苦（體能）
  - 我長大了
  - 我是好寶寶（一）
  - 我是好寶寶（二）
  - 寶貝蛋
  - 動物的母愛
  - 我會保護自己

媽咪萬歲（發現、實踐）
- 特別的媽咪
  - 天下的媽媽都是一樣的
  - 媽咪真辛苦
  - 偉大的媽咪
  - 家事誰來做
  - 愛與尊重（品格教育）
  - 我的媽媽真漂亮
  - 媽媽兵團（體能）
  - 沒媽媽的孩子

媽咪我永遠愛你（創意、實踐）
- 母親節快樂
- 我永遠愛你
- 媽媽的禮物
- 把愛傳出去

孝行與感恩（語文）
- 媽媽的工作
- 幫助我們的人
- 各行各業
- （體能）霹靂特攻隊
- 行行出狀元
- （二十四季）孝順父母

八、深化討論

 主題設問

主題繪本：我們的媽媽在哪裡

以「媽媽形象」為架構：

原因：故事中的媽媽發生了什麼事？

經過：當警察出現時，小孩如何介紹自己的媽媽？

結果：小孩最後如何找到媽媽？

延伸：如果是你會如何形容媽媽？

延伸活動：媽媽真漂亮
（美勞創作——媽媽的畫像）

以「安全教育」為架構：

原因：為什麼媽媽會和小孩分開？

經過：1.媽媽離開時，對小孩說什麼話？
2.小孩如何向警察形容自己的媽媽？

結果：小孩如何找到自己的媽媽？

延伸：1.有哪些方法可以避免走失呢？
2.如果你走失了，你會怎麼做？

延伸活動：我會保護自己（團體遊戲）

以「各行各業」為架構：

原因：小孩和媽媽走失時，誰來幫助他們？

經過：小孩在找尋媽媽的過程中，到過哪些地方？遇到了哪些人？

結果：最後他們在哪裡找到媽媽？

延伸：你還知道哪些職業？

延伸活動：各行各業（分站闖關活動）

以「　　　　　」為架構

原因：1.
2.

經過：1.
2.

結果：1.
2.

延伸：1.
2.

延伸活動：

（8-2） 主題繪本活動實例

漂亮媽咪

教學資源 繪本《我們的媽媽在哪裡》、電腦、繪本、單槍、圖畫紙、亮片、毛線、口紅、各種形狀通心麵、珍珠板、透明片、保麗龍膠

♪ 這是我的媽咪唷！

教學過程

1. 繪本賞析：《我們的媽媽在哪裡》。
2. 深化討論：
   (1) 故事中的小朋友發生了什麼事？
   (2) 和媽媽走失時，警察如何幫助他們？
   (3) 小孩如何向警察介紹自己的媽媽？
   (4) 警察幫助小孩找到了哪些人？
   (5) 小孩用各種方式介紹他的媽媽，為什麼還是找不到媽媽？
   (6) 小孩最後如何找到媽媽？
   (7) 如果是你會如何形容媽媽？
3. 透過 PPT 欣賞班上小朋友媽咪的照片。
4. 美勞創作：
   (1) 媽咪畫像、(2) 相框。

♪ 做個美麗的相框送媽咪

♪ 完成囉！我的媽咪真漂亮

延伸活動

1. 展示「媽咪畫像」做為情境佈置。
2. 請小朋友回家邀請爸爸媽媽來幼稚園展現才藝，或將作品（例如：畫作、歌唱 CD 等）帶到幼稚園來分享。

> **評量**
> 〈口頭評量〉能描述媽咪的外型及個性。
> 〈觀察評量〉能專心聆聽故事。
> 〈操作評量〉能完成媽咪畫像與相框作品。

8-3 深化討論紀錄

　T： 故事中的媽媽發生了什麼事?

S1： 媽媽帽子飛走了,要去找帽子。

　T： 當警察出現時,小孩如何介紹自己的媽媽?

S1： 媽媽會煮好吃的菜給他們吃。

S2： 媽媽很勇敢,不會怕老鼠。

S3： 介紹媽媽唱歌唱得很好聽。

S4： 媽媽不會看報紙都看書。

S5： 媽媽長得很漂亮。

S6： 媽媽不會做傻事。

S7： 媽媽長什麼樣子。

S8： 媽媽不會戴醜的帽子。

　T： 小孩最後如何找到媽媽?

S1： 小朋友想到媽媽說的話應該要在車站等。

　T： 如果是你會如何形容媽媽?

S1： 很漂亮、溫柔,說話很好聽,也很愛我。

S2： 媽媽會煮很好吃的菜。

S3： 媽媽很會綁頭髮,而且會帶我出去玩。

S4： 媽媽像鬱金香一樣漂亮。

S5： 媽媽的頭髮軟軟的。

S6： 媽媽像向日葵一樣漂亮。

S7： 媽媽有戴眼鏡和耳環,而且皮膚很白,瘦瘦高高的。

S8： 媽媽的皮膚不白也不黑,說話很溫柔又很好聽。

S9： 媽媽的身體有一點點胖,笑起來很像彩虹,眼白像優格,眼珠像皮蛋,
　　　嘴巴很紅很漂亮。

九、活動單元

【生命的形成與誕生】

教學資源 電腦、繪本 PPT、單槍、X；Y 圖卡、圖畫紙、印泥、學習單

教學過程

1. 欣賞戲劇：懷孕媽媽的辛苦。

2. 觀看《寶寶是從哪裡來的》繪本 PPT。

3. 討論與發表：

    (1) 媽媽懷孕的過程　　(2) 胎兒的發育與成長

    (3) 男寶寶還是女寶寶？　(4) 寶寶出生了

4. 模擬遊戲——「受精卵」：透過圖卡進行配對遊戲，在「老師說」活動中，最後獲勝的小朋友可與老師的「卵子」圖卡配對，結合為受精卵在媽媽肚子裡面孕育成長。

5. 蓋印畫：我在媽媽肚子裡。

6. 學習單：「我的誕生」。

7. 延伸活動：

    (1) 美勞創作：設計媽媽的孕婦裝。

    (2) 體驗活動：懷孕真辛苦（體能遊戲）。

○ 寶寶要出生了！

○ 「受精卵」模擬遊戲

○ 男寶寶還是女寶寶？

生成概念

1. 如染色體為 xx 即為女寶寶，如為 xy 即為男寶寶。

2. 爸爸的精子是決定生男生女的因素。

評量

〈口頭評量〉能說出寶寶的形成過程。

〈觀察評量〉能專心聆聽故事。

〈操作評量〉1. 能主動參與配對遊戲。

             2. 能完成蓋印畫與學習單。

5 我們的媽媽在哪裡

【我長大了】

教學資源 繪本《寶寶都是這樣長大的》PPT、單槍、音樂、CD 音響、抽籤桶、抽籤紙

⚫ 叮咚！答對了！

教學過程

1. 欣賞繪本 PPT《寶寶都是這樣長大的》（台灣英文雜誌社）。

2. 介紹寶寶成長過程（如七坐、八爬、九長牙、一歲多走路等）與口頭評量，在討論之後進行口頭評量，請幼兒發表：

   (1) 寶寶要經過多久才能從媽媽的肚子出來呢？

   (2) 寶寶幾個月會在地上爬？

   (3) 寶寶幾歲學會走路？

   (4) 寶寶幾歲開始會說話？

⚫ 八個月我會爬

3. 團體活動：依照老師指令模擬寶寶肢體動作發展進行活動，體驗成長的過程。

4. 考驗遊戲：幼兒以抽籤方式依照題目內容表演動作。

5. 學習單：親親寶貝長大了。

⚫ 九個月長牙了

生成概念 寶寶成長順序（坐 → 爬 → 站 → 走 → 跑）。

評量
〈口頭評量〉能說出寶寶的成長過程。
〈觀察評量〉1. 能專心聆聽故事。
　　　　　　2. 能參與扮演活動。
　　　　　　3. 能與他人合作一同進行遊戲。
〈操作評量〉能完成學習單。

【我是好寶寶】

教學資源 棉被、書、書包、紅色緞帶、椅子

教學過程

1. 戲劇欣賞「我是好寶寶」。
2. 分組討論：
   (1) 請小朋友發表喜歡當個好寶寶還是壞寶寶？為什麼？
   (2) 要如何做個好寶寶？
   (3) 小朋友除了幫忙做家事以外，還有什麼方法可以讓媽媽比較不辛苦呢？
   (4) 請小朋友發表自己會做哪些事（生活自理）。
3. 班級神氣好寶寶：
   (1) 請小朋友發表要當選神氣好寶寶需具備哪些條件。
   (2) 選拔班級神氣好寶寶。
   (3) 頒獎並拍照留念。
4. 自理能力操作練習：
   (1) 綁蝴蝶結　　(2) 穿衣服
   (3) 整理書包　　(4) 收拾襪子

延伸活動 學習單（我會做……）。

🔊 老師們戲劇演出

🔊 要這樣把拉鍊拉上喔！

🔊 大家一起練習綁蝴蝶結

5

我們的媽媽在哪裡

評量
〈口頭評量〉能說出三種照顧自己的方法。
〈觀察評量〉能認真參與自理能力練習。
〈操作評量〉能自己整理書包。

繪本怎麼教?
繪本創意與萌發

【我會保護自己】

教學資源 電腦、動畫繪本、單槍、男生女生圖卡、學習單

教學過程

1. 動畫繪本《難過絨毛小狗》。
2. 討論與發表：
   (1) 如果你是貝堤娜，你會如何處理這個問題？
   (2) 你覺得貝堤娜媽媽的朋友做了什麼很壞的事，讓貝堤娜這麼傷心？
   (3) 你有沒有像蘭朵林一樣的好朋友，你會告訴他所有的秘密嗎？
   (4) 學校裡的老師或爸爸媽媽是否曾教你如何保護自己？
3. 如何保護自己：運用「男生、女生」圖卡介紹身體重要部位「隱私處」，學習如何保護自己。
4. 學習單：保護我自己。

↻ 貝堤娜哭得好傷心

↻ 説出保護自己的方法

↻ 大家都要學習保護自己的方法

延伸活動

1. 安全教育：行的安全，遊戲時的安全。
2. 問題解決：
   (1) 迷路了怎麼辦。
   (2) 小心陌生人。

生成概念 身體重要部位「隱私處」不可以讓別人碰觸。

評量
〈口頭評量〉能說出男生、女生的重要部位。
〈觀察評量〉能專心欣賞動畫繪本。
〈操作評量〉能完成學習單。

【特別的媽咪】

教學資源　「我的媽咪」PPT、單槍、電腦、扮演道具、衣服

↻ 小組裝扮媽咪

教學過程

1. PPT 欣賞「我的媽咪」。
2. 分組活動：請每組各推選一位小朋友扮演媽媽，然後進行裝扮活動，幫小組媽咪打扮成特別的媽媽。
3. 分享報告：請各組小朋友發表自己小組媽咪裝扮的特色。
4. 票選活動：選出心目中最特別的媽咪。
5. 分享討論：每個媽媽都不一樣，但是對自己孩子的愛都是一樣的。
6. 肢體互動遊戲：小組媽咪輪流抱抱自己小組的小朋友，小朋友要說「媽媽我愛你」，媽媽回答「我也愛你」。

↻ 漂亮媽咪拍照留念

↻ 小組媽咪票選活動

延伸活動　天下的媽媽都是一樣的。

評量
〈口頭評量〉能說出媽媽的三種特徵。
〈觀察評量〉能主動參與活動。
〈操作評量〉能利用道具進行創意裝扮。

【天下的媽媽都是一樣的】

教學資源 扮演道具、布景、音樂 CD、音響、抽籤桶、獎品

♠ 我的巫婆媽媽真厲害

教學過程

1. 暖身活動：「媽媽說」遊戲。

2. 戲劇欣賞：「我的媽媽真麻煩」。

3. 唱遊律動：美麗的康乃馨花。

4. 機智問答大考驗：

   (1) 請小朋友說出讚美媽媽的一句話。

   (2) 請小朋友做出一個向媽媽表達愛意的動作。

   (3) 請小朋友唱出一首有關媽媽的歌。

   (4) 請小朋友說出自己的媽媽有什麼特徵。

   (5) 請小朋友說出媽媽照顧我，讓我很感動的一件事。

5. 律動：天下的媽媽都是一樣的。

♠ 大家一起動一動

♠ 我最愛我的媽媽

延伸活動 媽咪真辛苦。

評量
〈口頭評量〉能說出讚美媽媽的一句話。
〈觀察評量〉能專心欣賞戲劇。
〈操作評量〉能依照音樂做出動作。

【媽咪真辛苦】

教學資源 頭巾、布偶、餐具、衣服、家事卡樣本三十張、彩色筆、黑色油性筆、學習單

教學過程

1. 由戲劇欣賞「媽媽唸個故事給我聽」（台英）了解媽媽的辛苦。

🔊 媽媽講故事給我聽

2. 團體討論：
   (1) 媽媽在家忙些什麼事？
   (2) 媽媽很忙的時候，小朋友想聽故事，該怎麼辦？
   (3) 怎麼做可以讓媽媽不這麼辛苦？
   (4) 小朋友可以幫忙做哪些家事？

🔊 我可以幫忙做哪些家事

3. 分組討論：
   (1) 我會做些什麼事？
   (2) 製作家事兌換券。

延伸活動

1. 把「家事兌換券」送給媽媽，每天幫忙做一件家事。
2. 學習單：小小記者。
3. 家事誰來做。

🔊 製作家事兌換券

評量

〈口頭評量〉能說出兩種自己會做的家事。
〈觀察評量〉能主動參與討論並發表自己的想法。
〈操作評量〉能獨立製作「家事兌換券」。

5

我們的媽媽在哪裡

【家事誰來做】

教學資源 《朱家故事》PPT、單槍、家事兌換券、抹布、衛生紙、弟子規、學習單

教學過程

1. 觀看《朱家故事》繪本PPT，請幼兒看圖說話。
2. 角色扮演活動：朱家故事。
3. 分組討論：
   (1) 家事是誰的事？
   (2) 家事的種類有哪些？
   (3) 分享家中誰來做家事？
   (4) 討論家事要如何分工？
   (5) 小朋友可以幫忙做些什麼家事？
4. 請幼兒分享回家後對媽媽使用「家事兌換券」的心得與感想。
5. 動手做：請幼兒整理自己的工作櫃。

◑ 「朱家故事」中誰做家事

◑ 分享家中誰來做家事

延伸活動

1. 朗誦弟子規。
2. 回家整理自己的房間與玩具房。
3. 學習單：家事小幫手。

◑ 說一說家事種類有哪些

生成概念 家事是家中每一個人的事。

評量
〈口頭評量〉能說出三種以上的家事。
〈觀察評量〉1.能專心聆聽故事。
　　　　　　2.能參與扮演活動。
　　　　　　3.能參與大掃除並整理自己的工作櫃。
〈操作評量〉能完成學習單。

【愛與尊重（品格教育）】

教學資源 頭巾、圍裙、餐具、玩具、圓桌、桌巾、笛子、故事書、小玩偶、帽子、十六開書面紙、剪刀、釘書機、學習單

♫ 請讓我安靜五分鐘

教學過程

1. 戲劇表演「讓我安靜五分鐘」（台灣麥克）。
2. 分享與討論：
   (1) 大象媽媽為什麼要自己躲在浴室裡？
   (2) 大象媽媽在浴室泡澡時，發生什麼事？他喜歡嗎？
   (3) 最後大象媽媽做了什麼事？他的願望有達成嗎？
   (4) 如果你是大象媽媽的孩子，你會怎麼做？
3. 美勞活動：給媽媽的遮陽帽。

♫ 扮鬼臉逗媽媽開心

延伸活動

1. 朗誦弟子規。
2. 學習單：我是體貼的小寶貝。
3. 我的媽咪真漂亮。

♫ 送給媽媽的遮陽帽

評量
〈口頭評量〉能說出體貼媽媽的做法。
〈觀察評量〉能專心欣賞戲劇表演。
〈操作評量〉1.能獨立完成遮陽帽。
2.能完成學習單。

5

我們的媽媽在哪裡

繪本怎麼教?
繪本創意與萌發

【沒有媽媽的孩子】

教學資源 布偶、布偶台、響板、鼓、手搖鈴、刮胡、沙鈴、碰鐘、電腦、單槍、六龜育幼院 PPT

◎ 小克找媽媽布偶劇

教學過程

1. 布偶劇:小克找媽媽。
2. 團體討論:
   (1) 當小克需要關懷的時候,你們會怎麼做呢?
   (2) 為什麼熊阿姨讓小克感覺好幸福、好溫暖?
   (3) 生活周遭中,你曾感受到誰的愛?
   (4) 你可以為哪些人表達你的關心呢?
3. 觀看「六龜育幼院」PPT:
   (1) 說明孤兒生活與處境。
   (2) 我們可以怎麼幫助他們?
5. 音樂與節奏:我的媽媽。

◎ 幼兒專注欣賞

延伸活動

1. 送愛心到育幼院:為了關懷育幼院的孤兒們,小朋友決定回家和爸爸媽媽一起討論,捐贈家中玩具、書籍或衣物等。
2. 請小朋友發表參與愛心活動之後的心情與感想。

◎ 送愛心到育幼院經驗

生成概念 育幼院的孩子沒有和爸爸媽媽住在一起。

評量
〈口頭評量〉能說出幫助孤兒的方法。
〈觀察評量〉能專心欣賞布偶劇。
〈操作評量〉能依節奏敲擊樂器。

【把愛傳出去】

教學資源 扮演道具、A4 書面紙、皺紋紙、黑筆、彩色筆、串珠、釣魚繩、禮物盒、紙杯、綠色書面紙、氣球棒、學習單

 小女孩媽媽不見了

教學過程

1. 戲劇表演「你是媽媽的驕傲」（華一）。
2. 討論與發表：
   (1) 小毛為什麼要送東西給媽媽？他準備了什麼東西要送給媽媽？
   (2) 在回家的途中，小毛發生什麼事情？他的蛋糕為什麼變少了？

 分享關懷他人的經驗

   (3) 最後小毛送給媽媽什麼東西？媽媽收到禮物好高興，為什麼？
3. 經驗分享：
   (1) 分享曾經關懷他人的真實經驗。
   (2) 發表表達關懷的方法有哪些？

 用杯子創作美麗的花

4. 美勞——創作愛的禮物：卡片、項鍊、向日葵。
5. 討論：如何把「愛的禮物」傳送出去。

延伸活動 學習單：心手相連。

 瞧我的花多美麗

評量
〈口頭評量〉能說出兩種表達關懷別人的方法。
〈觀察評量〉1.能專心欣賞戲劇。
　　　　　　2.能參與討論並聆聽他人的發表。
〈操作評量〉1.能參與分組創作。
　　　　　　2.能完成學習單。

5 我們的媽媽在哪裡

【媽媽的工作】

教學資源 電腦、《媽媽就要回家囉!》繪本 PPT、單
槍、家長的才藝作品、花材、包裝紙、緞帶、
鐵絲、剪刀、小花籃、膠台、插花用泡棉

❶ 學警察打擊壞人

教學過程

1. 繪本 PPT《媽媽就要回家囉!》(東方)。

2. 展示介紹媽媽才藝作品。

3. 欣賞爸爸媽媽工作中的照片 PPT。

4. 分享與報告:請小朋友發表爸爸媽媽的職業。

5. 邀請家長到班上表演插花技巧。

6. 團體討論:

❶ 家長表演插花

   (1) 什麼時候會送花給朋友?

   (2) 為什麼要送花?

7. 扮演小花童快樂合影。

延伸活動

1. 學習單:媽媽上班去。

2. 認識幫助我們的人。

3. 介紹各行各業。

❶ 我們是可愛的小花童

評量
〈口頭評量〉能說出爸爸媽媽的職業。
〈觀察評量〉能專心參與活動。
〈操作評量〉能完成學習單。

【幫助我們的人】

教學資源 電腦、繪本《會飛的抱抱》PPT、單槍、兒歌圖、學習單、各行各業服裝（護士、醫生、消防隊、警察、廚師、農夫、工人）

○ 幫助我們的人有哪些？

教學過程

1. 欣賞繪本 PPT：《會飛的抱抱》（上誼）。
2. 團體討論：
   (1) 小豬阿文第一個請誰幫忙？
   (2) 奶奶收到抱抱是什麼感覺？
   (3) 阿文用什麼方法把抱抱寄給奶奶？過程中受過哪些人的幫忙？
3. 分享與報告：在生活中有哪些幫助我們的人？
4. 朗誦兒歌：行行出狀元。

○ 失火了，快撥 119

延伸活動

1. 學習單：各行各業 1。
2. 扮演活動：裝扮成各行各業角色玩扮家家酒遊戲。

○ 迷路了怎麼辦？

評量 〈口頭評量〉能說出兩個生活中幫助我們的人。
〈觀察評量〉能專心聆聽故事。
〈操作評量〉1.能完成學習單。
　　　　　　 2.能主動參與扮演遊戲。

5

我們的媽媽在哪裡

【行行出狀元】

教學資源 扮演道具、電腦、單槍、各行各業 PPT、闖關道具、有獎徵答 PPT

教學過程

1. 戲劇表演「我們的媽媽到底在哪裡」。
2. 律動：我的媽咪。
3. PPT 欣賞：認識各行各業。
4. 闖關遊戲「行行出狀元」：
   (1) 郵差來送信：將物品送至指定的位置。
   (2) 猜猜我是誰：依音樂找出正確之職業圖卡。
   (3) 職業小博士：依題意做出正確之選擇。
   (4) 我是小援兵：依指令進行數量圖卡配對遊戲。
   (5) 神氣職業徽章：創作職業徽章。
5. 傑出小狀元：職業猜謎有獎徵答。

延伸活動

1. 學習單：行行出狀元。
2. 如何做個「孝順父母」的孩子。

↻ 我們的媽媽到底在哪裡？

↻ 律動：向前衝

↻ 要開始挑戰囉！

↻ 猜猜我是誰？

評量
〈口頭評量〉能說出職業名稱。
〈觀察評量〉1.能專心欣賞戲劇與 PPT 介紹。
　　　　　　2.能參與闖關遊戲。
〈操作評量〉能依指令完成任務。

【孝順父母（二十四孝）】

教學資源 假髮、鬍子、柺杖、服飾、墨鏡、斗笠、玩具弓箭、鹿耳朵、響板、鼓、手搖鈴、刮胡、沙鈴、碰鐘、大鼓

教學過程

1. 戲劇欣賞「鹿乳奉親」。
2. 討論與發表：
   (1) 什麼是「孝順」？
   (2) 小朋友應該如何「孝順」父母呢？
3. 經驗分享：請小朋友分享在家做了哪些讓父母開心的事。
4. 歌曲教唱：甜蜜的家。
5. 節奏樂。

ᐯ 媽媽病了，我好擔心

ᐯ 糟了，獵人來了

延伸活動

1. 二十四孝（說故事與戲劇扮演活動）：
   (1) 扇枕溫衾　　(2) 哭竹生筍
   (3) 拾椹供親　　(4) 籠負母歸
   (5) 葡萄奉母　　(6) 慈烏反哺
   (7) 羔羊跪乳
2. 朗誦弟子規。

ᐯ 發表如何孝順父母

生成概念 孝順父母就是要讓父母高興。

評量
〈口頭評量〉能說出三種孝順父母的方法。
〈觀察評量〉1.能專心欣賞戲劇表演。
　　　　　　2.能參與團體討論踴躍發言。
〈操作評量〉能依音樂唱出歌曲。

5
我們的媽媽在哪裡

十、學習單

學習單　媽媽的兒歌

班級：＿＿＿＿＿姓名：＿＿＿＿＿

　　親愛的小朋友，聽了「媽媽」這首歌曲，你知道歌詞在描述什麼嗎？請你試著畫出來。

為最疼愛的媽咪創作一首媽媽專屬的兒歌。

兒歌名稱：＿＿＿＿＿＿＿＿＿＿＿＿作者：＿＿＿＿＿＿＿＿

我的媽媽＿＿＿＿＿＿＿＿＿＿＿＿＿＿＿＿＿＿＿＿＿

天天陪我＿＿＿＿＿＿＿＿＿＿＿＿＿＿＿＿＿＿＿＿＿

還要幫我＿＿＿＿＿＿＿＿＿＿＿＿＿＿＿＿＿＿＿＿＿

我愛媽媽＿＿＿＿＿＿＿＿＿＿＿＿＿＿＿＿＿＿＿＿＿

學習單　**我的女性親戚**

班級：＿＿＿＿＿＿ 姓名：＿＿＿＿＿＿

分享繪本：樓上的外婆和樓下的外婆
作　　者：湯米・狄波拉
繪　　者：梁麗娟
出 版 社：臺灣麥克股份有限公司

一、我會畫出我的奶奶和外婆：

奶奶的畫像	外婆的畫像

二、我如何稱呼我的女性親戚（把稱呼寫出來，越多越好！）：

奶　奶	外　婆	嬸　嬸	表　姐

 **媽媽的喜歡**

班級：＿＿＿＿＿＿＿ 姓名：＿＿＿＿＿＿

親愛的小朋友，你知道媽媽的喜歡是什麼嗎？讓我們一起來關心媽媽，請你擔任小小記者訪問媽媽。

一、媽媽的姓名：＿＿＿＿＿＿＿＿。

二、媽媽的喜歡（可以用文字記錄，也可以用筆彩繪下來）：

1、最喜歡的顏色。	2、最喜歡的書。
3、最喜歡的人。	4、最喜歡做的事。
5、最厲害的本領。	6、最愛吃的食物。
7、最得意的事。	8、最喜歡的電視節目。

三、媽媽給小記者鼓勵的話……

＿＿＿＿＿＿＿＿＿＿＿＿＿＿＿＿＿＿＿＿＿＿＿＿＿＿＿＿＿＿＿＿＿

＿＿＿＿＿＿＿＿＿＿＿＿＿＿＿＿＿＿＿＿＿＿＿＿＿＿＿＿＿＿＿＿＿

媽媽廚房的三寶貝：鹽巴、油、醋

班級：_____ 姓名：_____

* 鹽巴可以一直溶解嗎？

　□不可以　　□可以

* 鹽巴可不可以讓蛋浮起來？鹽巴還可以讓什麼東西浮起來（請你畫出來）

　□不可以　　□可以

* 如果水換成油會發生什麼事情？（請你畫出來）

* 蛋加上醋會發生什麼事情？（請你畫出來）

* 生的蛋和熟的蛋有什麼不一樣？怎麼分？

* 洞口太小了，蛋怎麼跑到罐子裡呢？

　請你把魔術師的法寶畫出來！

學習單　家事小幫手

班級：＿＿＿＿＿＿　姓名：＿＿＿＿＿＿

◎小朋友，想一想這些家事都是誰完成的呢？請把它連一連喔！

炒　菜 •		• 洗米煮飯
買　菜 •		• 洗刷浴室
洗碗盤 •		• 修理東西
倒垃圾 •		• 收衣服、摺衣服
掃　地 •		• 帶孩子上下學
拖　地 •		• 清理冰箱
洗衣服 •	• 其他家人 •	• 整理房間

```
┌─────────────────────────────────────────────┐
│                                             │
│                                             │
│                                             │
│                                             │
│        ※你發現了家裡誰做的家事最多（請畫下來）。│
└─────────────────────────────────────────────┘
```

◎ 想一想，如果想要擁有一個溫暖的家，大家應該怎麼做比較好呢？把它簡單的寫出來。

項目 人物	要繼續保持下去的事	要加油的地方
爸爸		
媽媽		
小孩		
其他人 （外傭、阿嬤）		

學習單　**愛的炸彈**

班級：＿＿＿＿＿＿　姓名：＿＿＿＿＿＿

愛的約定	
我愛媽咪，我願意為媽媽做下列三件事：	
【約定 1】我愛媽咪，我會做到……	（　）完成囉！ （　）未完成
【約定 2】我愛媽咪，我會做到……	（　）完成嚕！ （　）未完成
【約定 3】我愛媽咪，我會做到……	（　）完成啦！ （　）未完成
媽媽說：	老師說：

我們的媽媽在哪裡

217

「我的誕生」學習單

※染色體決定性別，想一想後，連連看，並畫出來。

當媽媽的卵子(X 染色體)　　　　當媽媽的卵子(X 染色體)

和爸爸的精子(Y 染色體)結合　　和爸爸的精子(X 染色體) 結合

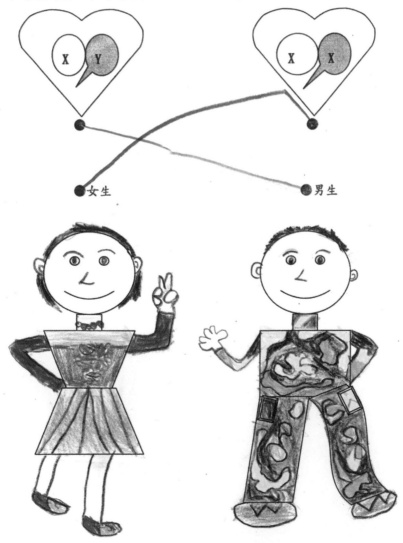

女生　　　　　　　　　　　　男生

「保護我自己」學習單

一、「隱私處」是我們身體重要的部位，我們要懂得保護它，請幫我們
　　的身體穿上內褲、背心、衣服、褲子，不讓別人看到、摸到。

二、從今天開始我們要學習清洗自己的「隱私處」，有做到的打 "○"。

5/2 （三）	5/3 （四）	5/4 （五）	5/5 （六）	5/6 （日）	5/7 （一）	5/8 （二）	5/9 （三）	5/10 （四）	5/11 （五）

以後仍要繼續維持喔～　　　　　　　　　　（本學習單請於 5/14 交回）

學習單：愛的炸彈　　　　　　　　　　親親班

愛 的 約 定　立約人：＿＿＿＿＿　好棒

我愛媽咪，我願意為媽媽做下列三件事：

【約定1】我愛媽咪，我會做到…

放學回到家，
馬上把環保碗和小盤
拿出來洗.

(✓)完成囉　good! 5/14
(　)未完成

【約定2】我愛媽咪，我會做到…

幫忙照顧弟弟.

(✓)完成囉
(　)未完成

【約定3】我愛媽咪，我會做到…

聽媽媽的話.
趕快去刷牙.

(✓)完成啦
(　)未完成

媽媽說：○○是很棒的姊姊, 希望○○能愈來愈懂事.
和姊妹弟弟們相親相愛, 分享媽媽的喜悅.

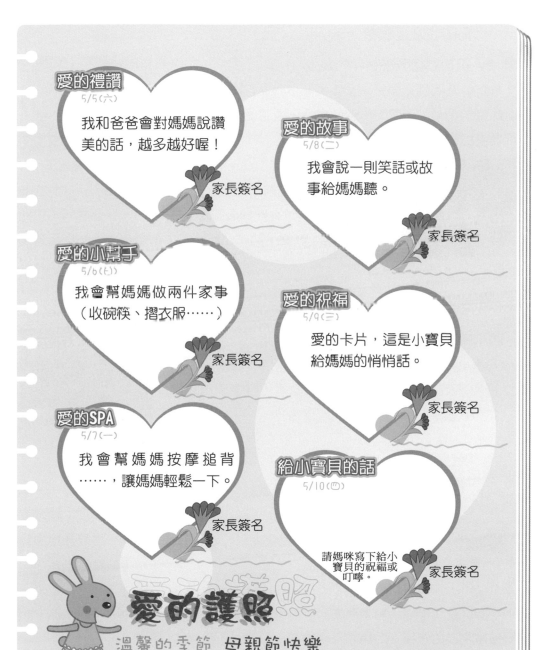

愛的禮讚
5/5（六）

我和爸爸會對媽媽說讚美的話，越多越好喔！

家長簽名

愛的故事
5/8（二）

我會說一則笑話或故事給媽媽聽。

家長簽名

愛的小幫手
5/6（日）

我會幫媽媽做兩件家事（收碗筷、摺衣服……）

家長簽名

愛的祝福
5/9（三）

愛的卡片，這是小寶貝給媽媽的悄悄話。

家長簽名

愛的SPA
5/7（一）

我會幫媽媽按摩搥背……，讓媽媽輕鬆一下。

家長簽名

給小寶貝的話
5/10（四）

請媽咪寫下給小寶貝的祝福或叮嚀。

家長簽名

愛的護照

溫馨的季節 母親節快樂

十一、你還可以這樣教

活動一：越南媽媽教唱歌

邀請越籍媽媽來園分享家鄉事，小朋友自由發問有關越南的生活情形，學習簡單越南會話，並請媽媽教孩子唱一首越南兒歌。

🎧 我們訪問越籍媽媽

活動二：品嚐廚房的調味料

老師講述繪本《我總是愛你的》，讓孩子品嚐並猜猜是什麼調味料，介紹媽媽的調味料（PPT），調味料可以做出什麼菜（例如：醋——酸辣湯、糖醋魚），全班品嚐調味料。

🎧 好酸哦！

活動三：媽媽的法寶

展示廚房三寶（鹽、油、醋）和蛋，進行科學實驗遊戲：(1)水＋鹽＝溶解（快速、緩慢）；(2)水＋油＝浮力；(3)生蛋和熟蛋；(4)生蛋＋醋＝蛋殼變薄（觀察三天的變化）；(5)熟蛋＋熱水＝吸力，完成學習單。

🎧 大家專心觀察蛋的變化

活動四：萬能媽媽、娃娃車大行進

孩子自由發表媽媽平時會做的事情，萬能媽媽——拿東西走過目標管（逐漸增加物品的數量與大小）；娃娃車大行進——幼兒背著假娃娃，通過障礙物，推娃娃車回到原點。

🎧 我推著寶寶去散步

活動五：懷孕媽媽的小天使

老師裝扮成孕婦，和小朋友討論如何照顧懷孕媽媽，模擬懷孕生產的過程，討論如何照顧新生弟妹，動動腦：由小朋友裝扮孕婦，大家思考對懷孕媽媽的照顧方法。

🎧 我幫媽媽按摩！

↻ 餵寶寶吃東西

活動六：辛苦的媽媽

透過老師戲劇扮演「辛苦的媽媽」過程中，幼兒發現原來媽媽的一天是這麼忙碌，激發幼兒做家事的動力，老師設計關卡如：摺襪子、收拾、分類、餵食嬰兒等活動，讓幼兒實際動手做及培養生活自理能力。

活動七：幫媽媽買一條（桶）魚

小熊幫媽媽買魚，結果只要一條魚，為什麼拿了一桶魚，以故事為開端幫幼兒進入「量詞」探索的世界，並學習正確的量詞使用方法。

↻ 我是好幫手喔！

↻ 自己動手做

活動八：媽媽的玩具

媽媽小時候的玩具──沙包，大多是自己動手做，而且可以創作出不同玩法與高超的技巧，吸引幼兒挑戰的高昂興趣，藉此全班自己動手做沙包並且舉辦接沙包比賽。

活動九：媽媽的廚房

媽媽的廚房有許多的法寶，例如：各種調味料、烹煮設備、果汁機、刨刀等用具才能烹飪出美味可口的食物，這天大家也來幫忙削馬鈴薯皮、胡蘿蔔和切蘋果，一起來煮出獨特的咖哩飯！

↻ 煮咖哩飯

↻ 變身食物

活動十：媽媽的石頭湯

老師改編石頭湯故事，藉由故事帶領幼兒來到森林，當大家肚子餓起來時，老師變出大軟墊火鍋準備煮出一頓豐富的石頭火鍋，讓大家大快朵頤，透過幼兒大肢體運動與扮演，將自己變成一樣樣可口的食材，烹煮出超可口的火鍋。

活動十一：媽媽懷孕了

班上有三名媽媽陸續懷孕及生產，讓孩子在一年間觀察到這些媽媽外形的改變及生活的變化。邀請懷孕的母親和孩子做貼近的接觸與懇談，並帶初生的小嬰兒讓孩子觀察感受。幼兒因此體會到自己和小嬰兒的異同和成長的喜悅，也深深了解母愛的偉大及生命的神奇奧祕。

⊙ 幼兒新添弟弟

⊙ 大家來歌詠母親

活動十二：歌詠媽媽

在這個主題單元中，我們唱了許多母親系列歌曲，企盼讓孩子在動聽感人的歌曲中，感念母親的辛勞及母愛的偉大。母親節前夕，聽前奏猜歌名條列回顧歌曲，再分組討論選擇決定演唱的歌曲，分組表演，歌詠母親。

活動十三：媽媽的禮物

母親節前帶領孩子秘密籌劃存錢事宜，為母親選購「母親節禮物」。帶領孩子導覽購物商店一次，而後以分區的方式，讓孩子自由選購送媽媽的禮物。返校後，完成學習單並包裝禮物，將濃濃的感恩之情化為實際行動。

⊙ 為媽媽挑選禮物

⊙ 認識親戚稱謂

活動十四：我的女性親戚和男性親戚

藉由遊戲軟體、電腦、單槍和孩子互動討論及遊戲，從認識親戚的稱謂、辨識男女及關係到扮演，組成不同家庭卻又關係密切的家族樹，逐漸擴大家族的討論及認知。

活動十五：越南媽媽

邀請越南籍的新移民媽媽為我們介紹越南文化的特色及當地用品，並品嚐當地的點心。我們感受到「越南媽媽」的賢慧及溫婉正直。孩子也透過分享、學習單及投影片的呈現，更進一步認識「越南」這個國家。

⊙ 觀察越南文物

🔊 猜猜我的媽媽在哪裡

活動十六：誰是我媽媽

　　透過繪本《我們的媽媽在哪裡》賞析，幼兒發表媽媽的形象，教師以文字記錄，結合彩繪活動，於是有了猜猜「誰是我媽媽」活動；由一位幼兒介紹自己的媽媽，其他幼兒提問，在對答互動中，找出幼兒的媽媽在哪裡。

活動十七：給媽媽的禮物

　　透過繪本《媽媽的禮物》賞析，幼兒分享如何向媽媽表達感謝之意及說出想送給媽媽的禮物，最後決定將想送媽媽的禮物透過圖畫方式呈現；每個小組賦予媽媽不同的形象，並將想送給媽媽的禮物，呈現在作品中。

🔊 這是給媽媽的禮物

🔊 我們的媽媽像什麼呢？

活動十八：我的媽媽像什麼

　　透過繪本《我媽媽》賞析活動，幼兒分享媽媽的特質，因著幼兒豐富的想像力，賦予媽媽新的形象，有不同角色（公主、兔子、烏龜……）的產生，延伸幼兒的創意，有了「我的媽媽像什麼」彩繪創作活動。

活動十九：我們都是這樣長大的

　　透過繪本《媽媽與我》賞析，坐上時光機走入媽媽的童年，幼兒扮演小小記者，認識媽媽兒時的遊戲和童玩，從中體會自己物質生活的幸福，進而學習感恩與惜福之心；雖然時空背景不同，但也了解到媽媽和自己一樣，都是這樣長大的。

🔊 媽媽小時候的樣子

🔊 看看我們做的戰車

活動二十：保衛我們的阿兵哥

　　阿兵哥的工作最讓幼兒感到好奇，與生活結合後，幼兒決定體驗阿兵哥的生活，透過討論、資料蒐集，開始製作軍需、軍備等物品，並建構軍事營地，參與一系列軍事體能訓練，成了小小阿兵哥，開始營地體驗生活，同時也了解到阿兵哥的職責。

十二、多元統整

【媽咪謝謝您】

　　【媽咪謝謝您】母親節慶祝活動，首先透過「愛的護照」讓幼兒身體力行，表達對媽媽的愛意與謝意。活動當天戲劇演出改編繪本《我媽媽》，幼兒了解到媽媽對孩子的愛及辛勞，媽媽則感受到自己在孩子心中，扮演的角色是如此多樣及重要的。在「愛的時光」及「甜蜜時光」裡，藉由一些親子遊戲、親子動手做活動，拉近親子之間的距離，增進親子情感，讓五月馨香更加滿溢。

教學資源

1. 情境佈置：媽媽畫像佈置、各種媽媽形象做舞台佈置。
2. 道具：配合角色裝扮及劇情所需道具、音樂 CD。
3. 繪本：《我媽媽》（格林文化）。
4. 其他：感謝狀、禮物、球、口紅、人體彩繪筆、夾子、糖果、棒狀餅乾、康乃馨花、琉璃、玻璃燭臺、玻璃膠。

教學過程

1. 引起動機：
   (1) 彩繪媽媽畫像：幼兒運用各種美勞素材，創作我的媽媽畫像。
   (2) 愛的護照：教師設計一系列活動，讓幼兒每天透過口語、身體力行、動手做等方式，對媽媽表達愛意與謝意。
2. 發展活動——「媽咪謝謝您」母親節慶祝活動：
   (1) 序曲——「母親系列組曲」：開場前營造母親節溫馨氣氛。
   (2) 戲劇活動——「我媽媽」：全園教師演出改編繪本《我媽媽》之戲劇。
   (3) 感謝有您：頒發愛心媽媽感謝狀。
   (4) 「愛的時光」親子遊戲：
   　　① 愛的護蛋：共同傳遞海灘球，不讓球落地。
   　　② 愛的連線：共同分享棒棒餅乾。

③ 愛的親親：親子互相親吻對方的臉頰，並留下五個唇印。

④ 愛的臉譜：以彩繪筆彩繪對方的身體。

⑤ 愛的夾心：以夾子夾糖果的方式，將糖果傳遞給對方，夾越多者獲得越多糖果。

(5) 帶動唱：透過律動「媽媽」，舞出對媽媽的謝意。

(6) 愛的禮讚：透過歌曲「媽媽的歌」，歌詠出對媽媽的愛意。

(7) 獻花——媽媽我永遠愛您：向母親獻上康乃馨，並大聲說出「我愛你」。

3. 綜合活動：

(1) 「甜蜜時光」親子琉璃燭臺DIY：親子共同利用玻璃、玻璃燭臺、玻璃膠，動手做出漂亮的琉璃燭臺。

(2) 「愛的禮物」：幼兒利用各種美勞素材，創作母親節卡片及製作禮物，於母親節當天送給媽媽。

評量
〈口頭評量〉能說出對媽媽的感謝之意。
〈觀察評量〉能樂於參與活動。
〈操作評量〉能運用各種素材進行創作。

↻ 媽媽您辛苦了，
我們好愛你唷！

↻ 我來畫上愛的臉譜

↻ 我和奶奶愛的連線

↻ 我和媽媽愛的親親

↻ 和媽媽一起動手做

↻ 祝福媽媽母親節快樂

十三、幼兒綜合學習評量

主題名稱：我們的媽媽在哪裡？　　　　　　　班別：＿＿＿＿＿＿姓名：＿＿＿＿＿＿

項目	評　量　內　容	評　量　結　果					
		優異		良好		加油	
		起始	總結	起始	總結	起始	總結
認知發展	1. 能說出自己從哪裡來						
	2. 能說出母親節的由來						
	3. 能說感謝媽媽的話						
	4. 能說出長大後的志願						
	5. 能說出三種以上職業名稱						
情意發展	1. 能主動去關心周遭的人						
	2. 能對父母表達感謝之意						
	3. 能對幫助我們的人表達感謝之意						
技能發展	1. 能運用各種素材進行創作						
	2. 能隨著音樂做肢體創作						
	3. 能用不同道具素材做角色扮演						
	4. 能正確分辨求救專線						
	5. 能幫助父母分擔簡易家事						

老師的話：

老師簽名：＿＿＿＿＿＿＿＿

家長的話：

家長簽名：＿＿＿＿＿＿＿＿

十四、教學省思

　　現代家庭孩子生的少，每個孩子都是爸爸媽媽心中的小寶貝，在父母極力呵護下長大的孩子，難免像溫室中的花朵，顯得軟弱、驕縱，對於家人的付出與關懷經常視為理所當然的事，能夠心懷感恩去體會父母的辛勞與用心，或主動付出關懷別人的孩子實在太少了，因此我們希望能藉由「我們的媽媽在哪裡」這個單元主題及慶祝母親節的系列活動中，培養孩子感恩、惜福及孝順父母的品格。

在幼兒方面

　　在單元主題開始發展的時候，我們從許多不同的角度切入，首先讓幼兒探討「我從哪裡來」，認識生命的誕生與成長奧秘，同時了解媽媽懷孕過程的辛苦，並藉由寶貝蛋的實際體驗活動，感覺爸爸、媽媽對小生命的呵護與照顧的偉大，進而學習如何保護自己、照顧自己，不讓父母擔心，也藉此有了正確的性別教育認識男生、女生的差異，學習彼此尊重。在護蛋過程中雖然大部分的孩子在放學前就不小心把蛋弄破了，心情上難免有些失落，但是從體驗過程中他們更能了解為人父母保護子女的辛勞。

　　之後，繼續引導幼兒去關注「媽媽在家裡做些什麼？」小朋友們的發言都十分踴躍，因此我們藉由戲劇活動及情境佈置，以家庭角色、家庭事務和家庭成員彼此互動的關係等為主軸的議題，適時融入性別平等的概念，讓幼兒與家長透過完成學習單的過程，進一步檢視生活中的家庭成員彼此互動情形，體會父母對於自己的呵護與關懷，而家庭中的成員也能從中省思如何突破傳統性別角色刻板印象、自己是否關心到每天一起相處的家人。掌握了「分擔家事是每個人的責任」這樣的觀念之後，我們更希望孩子能身體力行，主動為媽媽分憂解勞，因此設計家事兌換卷，請孩子自己思考並畫出自己可以做的家事，且身體力行，透過實際的行動表達自己對父母親的感謝，以報答媽媽的養育之恩。再配合獎勵制度，每個孩子都做得非常認真，家長都給予正面的回饋，覺得小朋友比以前更加乖巧、懂

事了。我們也選取二十四孝的故事融入教學中，與孩子們共同討論孝道的意義與重要性，期望孝行與感恩能真正落實在孩子的日常生活中。

在家長方面

因為大部分的小朋友上、下學皆由爸媽接送，所以他們都認識彼此的父母，我們希望孩子對父母的關懷能更加深入，因此請家長提供相片，將它製作成多媒體教材，以五官逐步呈現的方式玩猜謎遊戲，引導孩子仔細觀察媽媽容貌的特徵，並比較自己與媽媽容貌之相同、相異處，效果非常棒，孩子參與度很高，驚呼連連。原本我們希望配合單元主題活動，邀請家長輪流到班上介紹自己的工作或展現長才，但是許多家長都因工作忙碌而婉拒了我們的邀約，我們只好改變策略，請孩子擔任小記者回家訪問自己的父母，了解他們的喜好、擅長及職業，再來班上與小朋友分享訪問的成果，最後由老師加以補充說明，並請兩位家長到班上來展現他們的特殊才藝及作品，孩子們都與有榮焉，更加佩服自己的父母。特別感謝家長們的配合與協助。

在教師方面

配合母親節到來，我們舉辦了一系列的活動，讓孩子以各種素材創作媽媽的畫像、卡片，親手製作愛的禮物送給媽咪，再設計規劃「愛的護照」──媽媽謝謝您的活動，以各種方式持續表達對母親的愛，例如：一句感謝的話、一句真誠的讚美、一個愛的親親、一個大大的擁抱、一份體貼的心意等實際的行動，表達對父母的愛。在母親節慶祝活動中，老師們合力演出戲劇「我媽媽」揭開序幕，和媽媽一起玩親子遊戲、共同完成琉璃燭臺，並且獻上康乃馨及愛的擁抱，活動溫馨感人圓滿成功。

在最後的階段，我們審視整個活動的設計完整與否，發現還必須考慮到一些社會現象，例如：單親家庭、孤兒、新移民家庭等問題，引導幼兒對單親家庭或孤兒的關懷及包容不同的文化，在討論的過程中，孩子主動提出他們願意將自己的玩具、書籍、衣物等捐出來，送愛心到育幼院，把

愛傳出去。看到孩子溫柔的心，他們除了能感恩惜福外，並學會主動付出、主動關懷他人，用實際行動表現對社會的關懷，我們知道愛的種子已經在他們的心中萌芽了。他們將這些態度內化，實踐在生活中，而班上的家長經由我們的拋磚引玉，看到孩子們的成長，肯定老師的用心，也熱烈的響應這個活動，實在讓我們感動不已。

十五、教學資源

書籍資源

1. 親親媽咪

書　　名	出　版　社	書　　名	出　版　社
媽媽小時候	東方	寶寶是從哪裡來	正傳
媽媽生我好辛苦	星月書房	寶寶要出生了	東方
媽媽生了一個蛋	格林文化	歡迎你小寶貝	上誼
親親寶貝	格林文化	媽媽與我	天下雜誌
小威向前衝	維京國際		

2. 媽咪我永遠愛你

書　　名	出　版　社	書　　名	出　版　社
媽媽的甜蜜小麻煩	大穎文化	酷媽也瘋狂	格林文化
逃家小兔	上誼	我媽媽	格林文化
我討厭媽媽	三之三	給媽媽的禮物	謬思
莎莉離水遠一點	遠流	媽媽生日快樂	小魯
媽媽，你愛我嗎？	格林文化	媽媽的禮物	上誼

3. 天下的媽媽都是一樣的

書　　名	出　版　社	書　　名	出　版　社
我的媽媽真麻煩	遠流	媽咪萬歲	格林文化
爸爸媽媽不住在一起了	遠流	媽媽外面有陽光	和英
當乃平遇上乃萍	格林文化	媽咪走開	青林
媽媽的紅沙發	三之三文化	讓我安靜五分鐘	臺灣麥克
猜猜我有多愛你	上誼	唸個故事給我聽	漢聲
好事成雙	格林文化	媽媽就要回家嘍	東方
保羅的超級大計畫	格林文化		

4. 行行出狀元

書　　名	出　版　社	書　　名	出　版　社
現在工作中	小魯	毛頭小鷹	上堤
我的警察哥哥	三采文化	鱷魚怕怕，牙醫怕怕	上誼
會飛的抱抱	上誼	莎莉要去演馬戲	格林文化
兔奶奶的麵包屋	三采文化	大腳丫跳芭蕾	東方
老師不在時	三采文化	阿布你長大要做什麼	親親
烏鴉愛唱歌	格林文化		

教師參考書目

書　　名	出　版　社	書　　名	出　版　社
繪本主題教學資源手冊（第二版）	心埋	童書久久	台灣閱讀協會
童書久久 II	台灣閱讀協會	童書久久 III——閱讀越有語文力	台灣閱讀協會

網路資源

文建會 http://children.cca.gov.tw/home.php

繪本分享 http://www.nlps.hc.edu.tw/picturebooks/pic.htm

繪本部落格 http://tw.myblog.yahoo.com/ljpswater/archive? l=f&id=25

國家圖書館出版品預行編目資料

繪本怎麼教？繪本創意與萌發／吳淑玲策劃主編.
-- 初版. -- 臺北市：心理, 2007.11
面； 公分. -- （幼兒教育系列；51109）

ISBN 978-986-191-090-1（平裝）

1. 學前教育　　　　　2. 繪本

523.23　　　　　　　　　　　　　96020834

幼兒教育系列 51109

繪本怎麼教？繪本創意與萌發

策劃主編：吳淑玲
作　　者：張育慈、沈怡伶、林妹靜、姚淑玲、張怡雯、陳玫君、彭榆婷、
　　　　　曾淑美、黃作后、劉素妹
執行編輯：高碧嶸
總 編 輯：林敬堯
發 行 人：洪有義
出 版 者：心理出版社股份有限公司
地　　址：231026 新北市新店區光明街 288 號 7 樓
電　　話：(02) 29150566
傳　　真：(02) 29152928
郵撥帳號：19293172　心理出版社股份有限公司
網　　址：https://www.psy.com.tw
電子信箱：psychoco@ms15.hinet.net
排 版 者：辰皓國際出版製作有限公司
印 刷 者：辰皓國際出版製作有限公司
初版一刷：2007 年 11 月
初版五刷：2021 年 8 月
I S B N：978-986-191-090-1
定　　價：新台幣 420 元